商业模式九经

吴树江 刘钰 钟彩民 ○ 著

 中国商业出版社

图书在版编目(CIP)数据

商业模式九经 / 吴树江,刘钰,钟彩民著. -- 北京：中国商业出版社, 2025.1. -- ISBN 978-7-5208-3179-6

Ⅰ.F71

中国国家版本馆CIP数据核字第202495R3H7号

责任编辑：石胜利

策划编辑：王　彦

中国商业出版社出版发行

(www.zgsycb.com　100053　北京广安门内报国寺1号)

总编室：010-63180647　编辑室：010-63033100

发行部：010-83120835 / 8286

新华书店经销

北京荣玉印刷有限公司印刷

*

710毫米×1000毫米　　16开　　14印张　　220千字

2025年1月第1版　　2025年1月第1次印刷

定价：68.00元

* * * *

(如有印装质量问题可更换)

序言：商业模式是创业者的天职

商业模式是创业者的天职。如果你作为创业者不去思考你的商业模式，那么怎么落地你的目标呢？你想要指望你的下属，尤其是中小企业的创业者，那是绝对不可能的。

那么，我们从宏观社会环境的层面，先认识一下什么是成功的商业模式。

比如，滴滴是全国最大的出租车公司之一，但是在起步的时候，它是没有一辆出租车的，而是通过整合这个行业来运营。为什么再往前推20年，那个时间没有人有能力去整合这个行业呢？

如果在20年前，你想到了滴滴的这种模式，你有能力去做吗？即使你有能力也不够，因为技术信息化还没发展到那个阶段。这就是环境的影响，社会在不断地变化，你对这个世界的认知也要不断提升，才能够用好这个社会最强大的一些工具和力量。而滴滴的成功，是建立在移动互联网这种成功的基础之上。

同样在最近很火的，尤其是最近三年的短视频行业，以头条短视频为代表，它的成功是站在了什么的风口上？从流量的角度来看，4G、5G的出现，它站在了数字化这个风口上。通过对大数据进行采集，分析你喜欢什么，你爱好什么，你的生活、地位、区域等，这样的大数据比你都还了解你自己。

通过数字化的这种大数据红利，让各种社交软件变得智能起来，它比你更加了解你自己，它给你推送过来的所有的信息都是你想看到或者是你感兴趣的，让我们手机不离手，刷视频、玩游戏等。

再来看阿里巴巴的成功，也是率先站在了商品交易这一个互联网的基础上。在阿里巴巴之前，我们做生意时信息交换往往很难，为什么会这样呢？因为生意的本质就是信息差。那么，我们通过信息差，才能够更好地去赚钱。在阿里巴巴旗下的淘宝出现以前，你要是想获得一个产品信息，想了解和认识一个产品，想跟一个商家进行链接，你的跨度和难度是非常大的。

但是，自从淘宝出现了以后，你想链接任何一个产品，任何一个你想寻找的合作伙伴，你都可以迅速地从它上面找到，这就是这个时代的赚钱逻辑发生了重大的变化。但是，如果在那个时代我们很多传统的企业家，很多创业者没有意识到赚钱的逻辑和声音的载体已经从线下的这种面对面的沟通到了线上的互联网化的这种信息化的沟通，你可能就会错过那个时代赚钱的机会。

比亚迪一开始是一个跟随者，它通过模仿的策略，实现了行业的突围。那么比亚迪在商业模式上抓住了一个什么点呢？比亚迪造车，第一辆车型号——福莱尔，它和丰田的非常独家冠名皇冠非常相似，但是它的价格是对方价格的1/2，甚至更低。

在那个时代，中国人可能刚有钱，但是钱又不是很多，而中国人要面子，想要一辆各种性能都好的车，但是价格高又购买不起，所以这个时候比亚迪抓住了那个时代中国人的消费需求，或者是隐藏在中国人身后的这种隐性的需求。抓住这个点以后，迅速地推出来，这就是我们所说的商业模式魅力之所在。

比亚迪走到今天,它的每一步基本上都践行了这种模仿的策略。但是它也有自己的优势,它的完整的供应链,特别是它本身就是做电池的行业老二——这个企业的自身优势,但是从商业模式的角度来说,它一直在践行模仿,再创新,到最后的突破。

与同行相比,小米也是一个卖手机的厂商,但是它的手机价格很低。小米也抓住了在那个时代中国人的消费心理——要性价比。但是它不只是为了去卖手机而卖手机,小米的盈利是靠它的生态链。它只是在那个时代,发现了中国消费者的这种心理,并依靠这种心理推出了高性价比的小米手机,而且质量一点都不差,还很棒,同时它也抓住了中国的人口规模,迅速地形成大量客户积累,从而形成了后续生态链条。

所以,在这个互联网的时代,你一定要有这种互联网新的思维,才可能更好地与这个时代相适应。这也告诉我们,商业模式做对了,它魅力无穷。即使如此,并不代表我们所有的人都能够按照上面的这种魅力的模式来,因为做你的企业这就不符合现实了。

我们绝大多数的企业家,其实还是平凡的,我们做商业模式的前提是首先要非常清晰地做自我认识,不要光看见别人吃肉,也要看到别人有挨打的时候。我们要做更高的清晰的自我认识,并不是所有的行业都可以做大,不是所有的行业都可以通过上面的模式做得无穷大。那么,什么样的行业属性它做不大？需求小的做不大,比如,有人在亳州做非标的特种器材,给商家做定制的机床或者特种的器件,需求很小,而且是非标的,它的模式就不可复制。每次研发都是一些一次性研发,后续可能就没有大量的复制，所以做不大。

还有什么样的行业做不大？进入门槛很低，技术壁垒很低，快进快出就会形成竞争异常激烈，于是各种小的个体，类似这样的行业想做大也很难。

有很多企业家未必把企业上市，但一定要把企业做大，你要结合自己的企业实际和个人的实际，脚踏实地地一步一步往前走，到最后你有可能做大的时候，也是水到渠成。如果我们盲目地想为了做大而做大，看着别人做了一个做大的设计，自己也想跟风，在做大的这个过程中，就会夭折或者受到重大损失。

不是所有的企业家都有能力做大，不是所有的人都能做大。我们学商业模式，并不是给你灌输这样的想法："你要做一个大企业，你要做一个特别全国化的企业，特别有影响力的企业。"

我们希望所有的企业，你的商业模式都是可被优化的。也就是说，我们的商业模式，通过创新、升级，可以不断去优化，不断去蝶变，让我们的企业去升级，做到水到渠成，做大只是一个时间问题。

我们希望你所掌握的，是一个创新的方法，是掌握创新的底层逻辑而不只是给你一些做大的方法，我们不想给你这些具体的方法。我们希望通过本书，你能够通过我们的工具去创新，用你自己的新模式去优化你自己的旧模式，让你今天比昨天更赚钱，明天比今天更赚钱。我认为对你来说就是成功的。

以此为序！

钟彩民

2023 年 5 月 1 日

推荐序

可以说，这是一本让企业破局重生的指南书。

疫情结束了，随着结束的是一个你熟知的时代。你熟悉的行业、你熟练的技术、你惯用的模式、你常用的管理方式、你的"生意经"，已经变得陌生了。我们必须承认的是，新的时代，一定还会有顺势而起的"弄潮儿"，创造属于他们的商业辉煌。所以，放弃守旧的挣扎，打开新认知、融入新时代，是每一个合格创业者与企业家要立刻做的。

"卷"不一定能熬过寒冬，但想不"卷"，就一定要破圈，要新生。而本书在告诉我们，用商业模式实现新生是可以一步一步设计出来的。

本书将商业模式这件事剖析得十分通透，为我们提供了明确的思路和众多的案例。从"价值原点"出发，怎么让企业创新在起点；设计你的"价值实现"，怎么让企业破圈成长；规划你的"价值升维"，怎么让企业涅槃新生。在三个商业模式设计的大框架下，又为我们梳理了商业模式九经，把商业模式抽丝剥茧，呈现在了我们面前。

这正是本书最独特的魅力，将理论、工具、案例糅合在了一起。不论你在哪个行业，也不论你是创业初期，还是高速成长期，还是发展瓶颈期，还是并购扩张期，本书的商业模式九经，都可以给你带来思想上的启发和操作上的指导。

本书的作者经营着一家在北方地区很有名的民营商学院。十几年来，作者与众多企业家的沟通、辅导、赋能，这也为本书的成型积淀了深厚的实战土壤。自从相识，我一直被他们执着的为成长型企业赋能的热情感染。我也听到看到了一些商学院的企业家，从迷茫到创业成功，从瓶颈到飞快发展，从独资企业到实现资本运营，甚至上市。所以，从本书中，不同的读者应该都能在商业模式九经中找到与自己最为共鸣的一环，收获商业模式的创新。

未来，商业模式的竞争力，将是一个企业能否生存的关键。那些成功的企业，无论是IBM、苹果公司，还是华为、阿里巴巴，都经历过多次的商业模式重构和创新，并因此一次次获得新生。

相信本书，是你真正了解商业模式的结构与奥秘的开始，也是你创造出更好的、更有竞争力的商业模式的起点。

傅华阳

2024年5月29日

上篇　商业模式本质

第一章　商业模式的魅力 ………………………………… 2

第一节　商业模式的高效能作用 ………………………………… 2

1. 商业模式在企业运营中如何发挥作用 ……………………………… 3
2. 什么是最佳的商业模式？ …………………………………………… 7
3. 商业模式远远大于并包含了"盈利模式" …………………………… 9
4. 商业模式是企业经营的"原点" ……………………………………… 11
5. 没有好的商业模式，企业就没有前途 ……………………………… 14

第二节　企业家需要用高维视角打造商业模式设计 ……………… 20

1. 为什么企业家要具备高维视角 ……………………………………… 21
2. 商业模式和高维视角的关联 ………………………………………… 22
3. 如何使用工具，帮助企业家站在更高维度 ………………………… 23

第二章　商业模式的意义 ………………………………… 25

第一节　企业商业模式十问 ……………………………………… 25

1. 谁是我们的目标客户？ ……………………………………………… 26

1

2. 我们为客户解决什么问题？…… 27

3. 我们能不能开发更多客户？…… 27

4. 我们赚谁的钱？…… 28

5. 企业怎么实现交易？…… 29

6. 企业靠什么赚钱？…… 30

7. 企业能不能持续赚钱？…… 31

8. 怎么才能赚到别人赚不到的钱？…… 32

9. 赚到钱之后如何分钱？…… 32

10. 我们已经有多少钱，还需要多少钱？…… 33

第二节　商业模式内核 …… 34

1. 锁定目标客户是谁 …… 35

2. 瞄准核心产品打造 …… 36

3. 聚焦推广方式发力 …… 41

4. 专注盈利模式升级 …… 45

第三节　谁需要商业模式 …… 51

1. 尚未建立商业模式的初创企业 …… 51

2. 初具规模探索的中小企业 …… 53

3. 模糊不清有待整改的成熟企业 …… 54

4. 想创新但不懂操作的转型企业 …… 55

5. 基础厚重亟待升级的老牌企业 …… 56

第三章　商业逻辑剖析 …… 57

第一节　商业逻辑古今鉴 …… 57

1. 古代："超级市场""异地运输"的悠悠历史 …… 58

2. 近代：机械代替人力，敢送剃须刀，但不送刀片⋯⋯⋯⋯⋯⋯⋯ 63

3. 现代："互联网+"时代，"免费"打败"付费"⋯⋯⋯⋯⋯⋯⋯ 66

第二节　商业逻辑的天马行空⋯⋯⋯⋯⋯⋯⋯⋯⋯⋯⋯⋯⋯⋯⋯⋯ 71

1. 商业模式自我创新⋯⋯⋯⋯⋯⋯⋯⋯⋯⋯⋯⋯⋯⋯⋯⋯⋯⋯⋯⋯ 71

2. 商业模式自我迭代⋯⋯⋯⋯⋯⋯⋯⋯⋯⋯⋯⋯⋯⋯⋯⋯⋯⋯⋯⋯ 78

第三节　商业模式关键要素剖析⋯⋯⋯⋯⋯⋯⋯⋯⋯⋯⋯⋯⋯⋯⋯ 83

1. 商业模式六大关键要素⋯⋯⋯⋯⋯⋯⋯⋯⋯⋯⋯⋯⋯⋯⋯⋯⋯⋯ 83

2. 商业模式"自检"⋯⋯⋯⋯⋯⋯⋯⋯⋯⋯⋯⋯⋯⋯⋯⋯⋯⋯⋯⋯ 102

下篇　商业模式模型

第四章　商业模式价值原点⋯⋯⋯⋯⋯⋯⋯⋯⋯⋯⋯⋯⋯⋯⋯ 105

第一节　决定性关键资源盘点⋯⋯⋯⋯⋯⋯⋯⋯⋯⋯⋯⋯⋯⋯⋯ 105

1. 人胜：创始团队没有短板⋯⋯⋯⋯⋯⋯⋯⋯⋯⋯⋯⋯⋯⋯⋯⋯ 105

2. 财胜：既要自己烧钱又需通过外部融资⋯⋯⋯⋯⋯⋯⋯⋯⋯⋯ 109

3. 务胜：企业不同阶段核心驱动力不同⋯⋯⋯⋯⋯⋯⋯⋯⋯⋯⋯ 112

第二节　精准客户画像&创造性价值主张⋯⋯⋯⋯⋯⋯⋯⋯⋯⋯ 114

1. 客户画像：满足人性的需求⋯⋯⋯⋯⋯⋯⋯⋯⋯⋯⋯⋯⋯⋯⋯ 114

2. 价值主张：构建以人为本的商业模式⋯⋯⋯⋯⋯⋯⋯⋯⋯⋯⋯ 117

3. 客户推广：利用大数据红利⋯⋯⋯⋯⋯⋯⋯⋯⋯⋯⋯⋯⋯⋯⋯ 121

第三节　颠覆性降低成本……………………………………… 122

1. 把控利润的关键……………………………………………… 123
2. 颠覆性降低成本的方法……………………………………… 125
3. 务胜：企业不同阶段核心驱动力不同………………………… 112

第二节　精准客户画像&创造性价值主张……………………… 114

1. 客户画像：满足人性的需求………………………………… 114
2. 价值主张：构建以人为本的商业模式……………………… 117
3. 客户推广：利用大数据红利………………………………… 121

第三节　颠覆性降低成本……………………………………… 122

1. 把控利润的关键……………………………………………… 123
2. 颠覆性降低成本的方法……………………………………… 125

第五章　商业模式价值实现…………………………………… 129

第一节　持久性盈利模式设计………………………………… 129

1. 盈利产品：前端、后端……………………………………… 129
2. 盈利环节：产品、服务、招商、供应与产业………………… 133
3. 盈利阶段：前、中、后期不同的盈利点……………………… 137

第二节　自我复制与极速扩张………………………………… 140

1. 裂变式全国复制……………………………………………… 141
2. 扩张的天地人网……………………………………………… 143
3. 赋能模式……………………………………………………… 148
4. 最佳外部交易方式持续收益………………………………… 151

5. 商业模式创新与重构……………………………………………………… 155

第三节　构建壁垒与定价权………………………………………… 156

1. 个人："强"个人IP、企业家个人能力………………………………… 157
2. 模式：分享经济、粉丝经济…………………………………………… 160
3. 企业：系统的价值链、特许经营权模式……………………………… 164

第六章　商业模式价值升维…………………………………… 166

第一节　系统性价值链整合………………………………………… 166

1. 行业价值链：上下游关联的企业与企业之间………………………… 166
2. 企业价值链：企业内部各业务单元…………………………………… 168

第二节　新生态平台模式…………………………………………… 172

1. 生态平台经济…………………………………………………………… 172
2. 生态平台模式…………………………………………………………… 176
3. "平台＋创客模式"……………………………………………………… 178

第三节　国际化产业布局决胜……………………………………… 183

1. 传统国际化……………………………………………………………… 183
2. 新的国际化……………………………………………………………… 183

第七章　商业模式出奇制胜…………………………………… 187

第一节　资本青睐的商业模式……………………………………… 187

1. 带着清晰的目的准备路演……………………………………………… 187
2. 模式力量的核心特点…………………………………………………… 195

第二节　商业模式的出奇制胜 …………………………………… 199

1. "现金为王"时代的商业模式 ………………………………… 199
2. 商业模式的核心，对产品理解至关重要………………………… 201
3. 每一环节都按照规划来做 ……………………………………… 203
4. 不成熟的商业模式如何落地 …………………………………… 206

上篇　商业模式本质

第一章　商业模式的魅力

> 企业的核心，最终的追求是要赚取利润，如果我们不先去考虑成本，那么成本居高不下，不该花的成本你全部花出去了，你可能也赚不到利润。当我们把这些基础打牢了以后，就得思考靠什么样的模式持续地盈利、持续地去赚钱，赚到钱了以后，就可以去自我复制。自我复制的"瓶颈"是什么？如何去扩张，急速扩张是否有能力，时间是否恰当？时机是否恰当？方法是否得当？
>
> 商业模式和盈利模式最大的区别就是壁垒。要在这个行业盈利，就要对这个行业有定价权，要有控制力，能够去影响这个行业或者影响这个地区，这就是商业模式的魅力体现。换句话说，在一个区域或行业里面，我是有话语权的，是有定价权的。

第一节　商业模式的高效能作用

"半秒钟就看清事物本质的人，和一辈子都看不清的人，命运注定截然不同。"经典电影《教父》告诉我们：用最短的时间看清事物的底层逻辑是一个人的能力体现。

企业管理是企业领导者的前沿阵地，企业领导者的智慧与格局往往已经决定了企业的生命维度。在商海沉浮中，几乎每隔一段时间都会传来震惊四座的报道。也许是昨日的商业巨头今日却轰然倒塌，也许是某行业的黑马异军突起引起众人侧目，但是被这些"大消息"掩埋的是无数中小企业的朝生暮死，就像是处于演艺界的十八线小演员，尚未崭露头角就因演错了一个动作而永久丧失了登台的机会。

唯有企业领导人懂商业模式、高瞻远瞩、深谋远虑，才能为企业设计康庄大道，光大企业门庭，带领企业不断成长，积垒土而成大厦，使之迈向更高的台阶。

企业的商业模式就好像是人体的骨骼，筋骨活络的人通体舒畅、身强力壮、少病少灾，伤了筋骨的人，轻则十天半月卧床不起，重则奄奄一息、命悬一线；商业模式好的企业融资快、发展稳、轻轻松松分公司开遍全球各地，商业模式差的企业诉讼缠身、风险警告一茬接一茬、合伙人分崩离析、融资难甚至成为无法发展的最重要因素。

1. 商业模式在企业运营中如何发挥作用

究竟商业模式在企业运营中如何发挥作用，就让我们把眼光投向企业发展的各个关键环节，如图1-1所示。

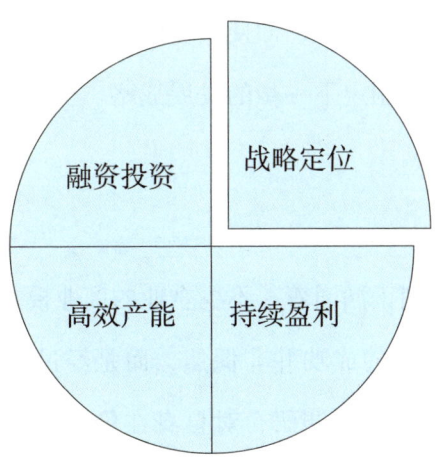

图1-1 企业发展的各个关键环节

(1) 战略定位

在企业创立之初，商业模式是核心人物对自身企业核心价值的定位、对目标市场的判断、对企业文化氛围的设定以及对未知风险的评估与预案。这些判断与规划的准确性将直接关系到企业下一步的发展计划和战略目标。

在企业发展途中，商业模式表现为企业领导者对上下游全产业链的掌握与依赖程度、对企业自身内部组织运营管理的效能利用率、对扩张规模和发展速度的规划、对资金和库存的周转率以及风险管控能力等。成千上万的中小企业始终未能做大做强，就是因为在企业初具规模后的商业模式突破一直"在路上"。

在企业进入公众视野后，商业模式已演变为企业家心中一条条成功的路径与法则。旁人能看到的是公司的产品性能对比、财政收支数据、业务范围及流程，而看不到的是项目研发计划、产品生态关联、行业趋势预测与产业布局调整等。也就是说，即使企业已经上市，只要企业还有持续经营的计划，就一定需要制定下一步的发展战略。至此，商业模式对企业领导人的考验仍未结束。

(2) 持续盈利

互联网的时代浪潮正汹涌着，不少企业的商业模式似乎在一夕之间就成为时代弄潮儿。它们的成功并非偶然，而是经过了无数次对自身产品定位的调整、对市场需求的调研、对自身在价值链中的优劣势分析才取得的。

"问渠那得清如许？为有源头活水来。"一个企业为什么能够持续盈利，最根本的奥秘就在于商业模式的不断调整。

企业家的使命是资源整合，商业模式则是帮助企业家进行科学有效整合资源的手段，虽无好坏优劣之分，但是有合适与否之分。商业模式的不断调整通过匹配资源最佳组合，在控制成本的同时不断创造核心价值来实现企业的持续盈利。

（3）高效产能

商业模式作为企业的顶层设计，是企业组织管理的最高纲领，是发挥人才优势的关键。一杯水，在员工A手中可能永远只是一杯水，而在员工B手中却能变成冰、变成冰可乐、变成冰激凌。这中间的差异，是员工能力的差异，更是公司选人用人能力的差异，更会造成企业产能效能的差异，最终将演变为利润收益、成长空间的差异。

商业模式中提高产能、效能的智慧，往往与识人用人分不开。

企业创立之初，团队伙伴凡事"一条心"，最需要的是执行与配合，对能力的要求并不明显；在发展壮大期间，新的合伙人、加盟商慕名而来，曾经的老员工晋升至中层管理，新来的一大批年轻人跃跃欲试……其中不乏心术不正者偷工减料，可能会砸了你苦心经营多年的招牌；可能有一些人在风浪过后打着"开国功勋"的名义尸位素餐；可能会有一些人投机倒把在不引人注目的岗位上打着自己的小算盘；还可能有对手公司派到你这里的商业间谍让你防不胜防。如何让这些人各司其职，成为公司管理运营流程的助力而不是阻力，相信也是创始人一直面临的大难题。

像小米、阿里、华为等有一定规模的大公司，驱动人才的并不是那规章制度的条条框框，而是来自每一个人对公司核心组织架构、运维重心的清楚把握，来自每一位员工对企业愿景、使命、宗旨及核心价值观等文化的强烈认同。因此，商业模式能够增强每一位同人的认同感、归属感，一群人携手做一件有意义的事方能以100%的酬劳撬动150%乃至200%的付出。

（4）融资投资

投资人青睐的不是描绘理想国的骗子，不是激进冒险的疯子，而是具有悟性、能创新的"才子"。当一份份五彩斑斓的商业计划书呈现在投资人眼前时，以投资人犀利的眼光，那些站在理论、技术层面盖高楼的巨人会被当成"傻子"，那些纯粹依靠经验却脱离时代发展的人会被当成讲故事的"骗子"，那些想法天马行空的人会被当成不着边际的"疯子"，只有一份承载着贴合时代发展趋势与有实现梦想可靠路径的商业计划书才是投资人眼中的"珍宝"。

商业计划书中最主要的内容就是对企业商业模式的呈现，它包含行业发展现状与前景的研究，核心竞争优势分析，是否拥有独立的研产销网络的阐述，逐年营收与利润的财务状况，资金与产品的留存周转效率等。

一家商业模式绿色健康可持续的企业，如同餐桌上的珍馐，一上桌就被众人抢光了；反之，一家商业模式有明显缺陷或是成长性差的企业，经常沦为资本局上一盘无人理睬的凉菜。

凡进入就有利可图的商业模式是最易得到资本的关注的。完美日记就是个很好的例子，其前期依靠与诸多KOL红人合作的模式迅速占领市场，随后采取线上线下相结合的模式，从2016年开始天使轮融资，随后2018年、2019年、2020年接续融资，四轮融资顺顺利利让自己达到40亿美元的估值区间，2021年更是在纽交所敲钟上市。

因此，如果企业家们遇到融资难、融资慢的困境，不妨将思维和眼界定位到更高层面，琢磨一下自身的商业模式是否发挥了最佳作用或者是否得到了最佳展现。

2. 什么是最佳的商业模式？

什么是最佳的商业模式？所谓最佳的商业模式，就是你要创造重大的不同的客户价值。

比如，腾讯有一款主要产品——QQ，我们年轻时都玩过，这可是青春的回忆啊！当初腾讯大大小小的业务都靠QQ引流，只要这些业务能在QQ面板上挂一个按钮，或者有一个链接，业务必定能做起来。但是近年来用QQ的人少了，很多人把QQ遗忘了。你看，曾经的王者QQ，如此强大的业务都会遇上流量"瓶颈"。

所以，并不是什么行业都有无限发展空间，商业模式也有时效性。QQ作为世界用户数量排第一的即时通信工具，都把握不住当下的市场，该怎么办呢？

QQ遇到发展"瓶颈"，腾讯内部非常焦虑，高层连续开了几十天的会议，寻找新的商业模式突破点。后来明确了新战略，定下四大主业由腾讯公司亲自来做，主业之外让投资方来做。腾讯四大主业，包括游戏、影业、文学、动漫，是腾讯擅长的，本身有极强的竞争力。

比如，我们去电影院看电影，总会发现由腾讯投资的电影。在文学方面腾讯把国内排名前几位的文学平台都收购了，变成公司新的流量增长入口。要知道文学创作是影视制作的第一关，剧本是第二关，有了剧本才有第三关的电影和电视连续剧。

四大主业之外，腾讯还投资了上千家公司，这些公司的总规模赶上了腾讯的市值，再后来投资总规模相当于两倍腾讯的市值。

在主业方面，腾讯扶持了"第二曲线产品"——微信。在微信之前，还有其他即时通信工具，如飞信、米聊等，但这些产品都做得不温不火。

当时担任腾讯邮箱产品经理的张小龙，发现了这个市场的巨大潜力。他在凌晨两点钟给马化腾写了一封邮件，说想要做一款新的软件，完全基于手机的。没想到马化腾凌晨4点就回复了邮箱，支持张小龙的这一做法。

于是，微信就这么萌芽了，之后微信1.0版出现。这一版的微信仅仅支持发文字、语音，用的人并不多。好在微信可以导入QQ好友，邀请QQ中未开通的人开通微信，通过导入流量，微信用户数量快速突破1亿，新的商业模式做成了。

最佳商业模式是基于创新的逻辑。业界大部分的创新并不是现有业务的不断增长，而是在中途用第二曲线来创新，这才是商业模式的核心。

又如，以前打车的时候，就得站在路边等，可能等了半个小时也没有一辆空车过来；有时候路边停了几辆的士，闲在那里无生意。

后来，滴滴网约车出现了，客户只需要用手机叫车，把行程的起点和终点提前输入手机App里，这样司机心中也有数，确定要不要接单。你再看网约车的创新，完全不是在的士的基础上创新，而是在互联网基础上的创新，这是一种全新的商业模式。

你坐在办公室里，司机上门来接你，这就是滴滴创造的重大的不同的客户价值，所以滴滴打败了传统的出租车公司，但是，今天我们会发现又有一个平台在整合，这就是高德整合这些网约车公司。高德所提供的价值，就是将导航做到极致，它让更多的人去下载高德App，然后通过高德来导航，你只要出门，就能先导航看一下距离，再看一下车况。当你习惯了这种行为以后，你必须看高德的时候，在高德上发现可以打车，你就再也不想看滴滴了。

总是有竞争对手，能够横空出现一个与你提供的客户价值极大的不同，这是一种商业模式的颠覆。所以，设计独特的盈利方式颠覆了行业的传统规则。

3. 商业模式远远大于并包含了"盈利模式"

近年来，很多企业家、投资人，甚至政府都提到商业模式创新，"商业模式"这个词被炒得很火。有的人认为，商业模式就是赚钱的方式，或者盈利模式。这个说法比较片面，因为盈利模式只是商业模式构成里的一部分。还有的人认为，商业模式就是做生意的套路，而坚持这个观点的人，说明你的头脑中只有套路。

在上一节中的几个案例中，它们设计了独特的盈利方式，在今天的这个时代市场化竞争已经达到了极端激烈的情况下，你就一定要有这种思维。例如，可以去拼价格战的时候，你干脆换一个"赛道"，从别的地方能够赚到更高额的利润。

例如，很多年轻人，特别是年轻女性，都想开一家咖啡店。虽然咖啡市场很大，但想开咖啡店的人很多，失败的也很多。如何在激烈的竞争中杀出重围？这就离不开创业者商业模式创新。

商业模式九经

近两年,有一家新创的咖啡店品牌叫瑞幸咖啡。开业半年时间就开了900多家店,现在已超过5 000家。虽然经历过债务重组风波,但是瑞幸的商业模式令人拍案叫绝。

瑞幸从咖啡这个单品切入,借助互联网手段,通过打折优惠、拉新奖励、电梯广告、新媒体广告等方式,大量用钱补贴,快速获取用户,形成品牌。当你第一次注册App,就可以免费领取一杯咖啡;如果把App转发给朋友,朋友下载App,转发者将获得一杯免费咖啡,被转发的也能获得一杯免费的咖啡。

通过这种方式,瑞幸很快圈到中国1000多万喝咖啡的精准用户。之后还会不断地给用户推送优惠券。用户通过App点咖啡外卖也比较方便,一般是30分钟左右就可以送达。

从商业模式的角度来看,瑞幸的模式和传统的咖啡店卖咖啡的模式完全不同。瑞幸嫁接了资本和电商模式,运用互联网思维获取了大量用户。有了庞大的用户之后,可以不断升级商业模式,比如增加产品品类,最近推出的"生椰拿铁"月销量就超过了1000万杯,一举扭亏为盈;同时,增加面包或者蛋糕等其他品类,开放平台,包括后来推出小鹿茶,从而增加营业收入。

瑞幸这种创新商业模式,被各大投资方热捧,被称为新零售"独角兽"。

再举一个例子,我们开咖啡店通常要选好的地段,因为好的地段消费者多,但是房租也很高。而降低成本,提高收益,对咖啡店来说,似乎是一个鱼和熊掌不可兼得的事情。那么,有没有一种办法既可以降低成本,又可以稳定获取一定规模的用户呢?

比如，有一个小伙子，他设计了一种商业模式，把咖啡店的生意做得很红火。他发现很多公司员工都有喝咖啡的需求，一般的做法是公司会购置咖啡机，放置在办公场所，但是咖啡品类比较少，口味也比较单调。

于是他找到大公司，像腾讯、比亚迪这样规模的，说："我帮你在公司里给员工营造一个好的喝咖啡环境，咖啡品类多，口味好，环境舒适，员工来这里喝咖啡可以享受半价优惠，还可以在这里开会讨论问题，条件就是你的场地给我免租金，甚至出一部分装修费。"这样一来，咖啡店就开在办公室边上，开得比较大，能够显著降低场地租金和获客成本，同时解决了客源的规模和稳定性。

腾讯、比亚迪这些大公司有很多员工，仅靠员工消费就可以保持盈亏平衡，还可以服务周边其他客源。当然你可能认为腾讯、比亚迪这样的合作机会普通人够不着，你也可以一开始找一些中型公司或者一些创业园的合作。

上面案例讲到的商业模式，都是通过咖啡店本身经营赚钱，你还可以重新定义咖啡店的功能，把开咖啡店看成一次投资机会，路演交流的场所，靠后续参与项目投资来获利，而不是靠咖啡店本身的经营获利等其他模式，这也说明了商业模式并非简单的盈利模式，而是远远大于并包含了"盈利模式"。

4.商业模式是企业经营的"原点"

好的商业模式，说给投资人听，一听就能听得懂，因为投资人一天要见很多客户，所以他们没有那么多时间听你讲长篇大论，你需要3分钟之内把商业模式讲清楚。

例如，假如你是阿里巴巴创始人，你跟孙正义聊天，3分钟之内告诉他，你改变了传统的生意模式，提高了传统线下生意交易的效率，大大提高了线上交易速度。你的客户是面向全世界，全世界有多少企业，那你的想象空间是不是无穷大？其实只需要用这么一句话，这么聪明的人对商业的本质已经研究透了，你只需要单刀直入，他就明白了。

商业模式一定要简洁，又让你意犹未尽，浮想联翩。我们说21世纪的竞争，不是产品、价格的竞争，不是服务之间的竞争，而是商业模式之间的竞争。因为这个社会的物质和服务已经是极大化的竞争，已经饱和了，我们只有不断地优化我们的商业模式，才可能更加具备有竞争力。所以从本质上来说，当下企业的竞争，就是商业模式的竞争，商业模式是企业经营的"原点"。

彼得·德鲁克说："当今的竞争不是产品的竞争，而是商业模式的竞争。"通过商业模式重构，从而协调各种资源达成交易，而交易的前提就是识别出现有及潜在的交易主体的资源能力及价值。

很多互联网"独角兽"企业，前期愿意烧钱亏损，就是为了获取后续更多更有价值的资源，从而裂变出更多的业态。比如，阿里巴巴的规模做起来以后，围绕电商就可以不断裂变，出现淘宝、天猫、支付宝、菜鸟物流、阿里云等新业务，从而产生新的收益来源。

阿里巴巴的业务版图，如图1-2所示。

我们总是说，优秀的企业家善于发现商机。实际上商机包括发现市场需求机会和有交易价值的资源能力。比如，1788年以前，报纸都是通过读者订阅来获得收益，1788年后，《泰晤士报》发现了读者眼球注意力这个资源，就开始在报纸中夹杂了一些廉价广告，开创了广告业务收益来源，可以说是一次传媒业颠覆性的商业模式。

境内核心业务	跨境核心业务	其他
零售商业： 淘宝、天猫、淘宝直播、点淘、淘特、淘宝买菜、天猫超市、闲鱼、SUN ART、阿里健康、盒马 **批发商业：** 1688、阿里零售通 **生活服务：** 饿了么、口碑	**零售商业：** AliExpress、天猫国际、Lazada trendyol、考拉海 **批发商业：** 阿里巴巴国际站	**数字媒体与娱乐：** 优酷、灵犀互娱阿里影业、大麦 **创新业务：** 高德地图、钉钉、天猫精灵 **其他板块：** 蚂蚁集团、阿里云、阿里妈妈、飞猪、菜鸟、蜂鸟即配

图1-2 阿里巴巴的业务版图

又如，我们以前坐飞机，从北京到上海一落地，你和航空公司的交易就结束了。那么返程的时候，你未必会选择同一家航空公司。但是后来航空公司把乘客已经完成的飞行里程这个资源拿来交易，推出了里程积分计划，有助于增强用户黏性。当你在同一家航空公司的飞行里程积累到一定量，就可以享受各种优惠，如升舱等。如果你换另外一家航空公司，里程要重新累计。这也是资源能力及交易价值识别。

另外，创业者在企业发展过程中，还要善于预测下一阶段可能产生的新的资源能力，如果这个新的资源能力可以产生更大的价值，那么你现在的业务就可以低价甚至免费。

比如，餐饮加盟店的数量达到四五百家以上，就会带来一个新的重要资源——消费量。这个消费量可能是一家中小土豆或者牛肉供应商的全年产量，那么你对上游供应商的谈判能力就会显著增强，就可以低价甚至买断原材料，大幅降低原材料成本，现在为了拓展业务就可以降低加盟费和设备价格。

如果你没有发现未来新的消费量资源，还是靠高额的加盟费或者设备价格来赚钱，就会导致大多数加盟店不赚钱，开不下去。那么你的扩张也无法持续。

5. 没有好的商业模式，企业就没有前途

在万物互联的当今时代，信息化拉平了整个世界，信息差所剩无几。我们说商业的本质就是信息差，但是今天的世界被信息化、数字化，甚至被智能化全部拉平了。

以前做生意，比如搞装修的，客户并不知道所用的是什么材料，你所使用的产品，性能怎么样，它的价格、它的成本以及安装等各个环节，但是，在今天你的客户已经不太好被糊弄了，你给他所有的产品，他会货比三家，他会通过互联网，通过各种电话，通过各种信息交流，迅速知道你给他提供的这个产品，甚至它的批次、它的质量、它的价格等。他会全部都清楚，他会给你进行整个成本的核算，最终你赚到的钱只是很少的一部分，很薄的利润。

为什么传统的企业赚钱越来越难赚？说实话，就是你的客户越来越不好被糊弄了。所以，商业模式创新几乎是我们唯一的出路。没有好的商业模式，企业就没有前途，不创新，企业只会被时代淘汰。

什么是创新商业模式盈利？

比如，360杀毒软件是企业花了几千万元研发出来，本来应该靠它卖钱的，结果免费使用。那么，企业靠什么赚钱呢？用户在使用360杀毒软件的过程中，它会弹出广告、游戏等，靠其他方式赚钱。

把常规产品的钱分掉，赚背后隐性产品的钱，这叫创新商业模式盈利。

又如，善于商业模式创新的小米，将手机做到了妇孺皆知。小米手机、红米手机、小米电视、路由器……几乎小米的每一款产品一上市就被抢购一空。"小米现象"的背后，是靠创新商业模式来颠覆传统行业。

小米的商业模式不是靠卖硬件赚钱，而是靠服务赚钱；精准定位的小米"发烧级"手机，并形成了独特的"米粉"文化；小米的身价从一开始的几亿美元，到几百亿美元的估值，最后到IPO市值550亿美元，如图1-3所示。

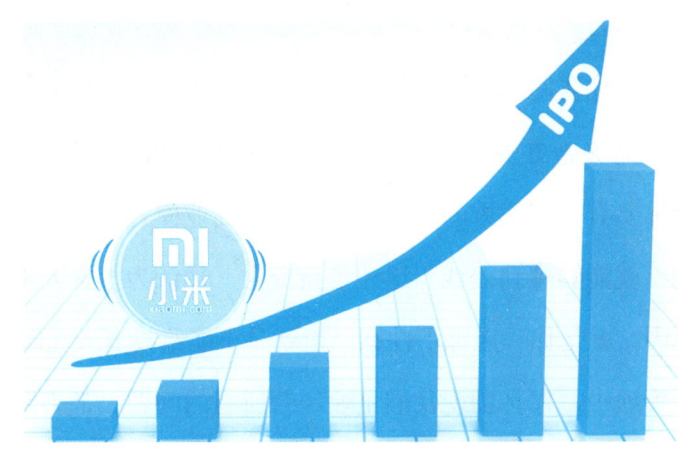

图1-3　小米在港交所上市

雷军认为："我们做手机，不是给用户带来什么，而是用户需要什么，我们就给他做出来什么。"从雷军的话中可以看出，小米手机品牌选择的是互联网模式，充分听取用户的声音，快速试错、快速迭代。

互联网的商业逻辑，在于你拥有了众多用户之后，你的盈利模式玩法才指日可待。雷军深谙粉丝运营之道，他的产品从互联网需求的广泛征集开始，小米产品的升级也是遵从了粉丝的声音。熟悉雷军的人都知道，他泡小米论坛是一种习惯，善于倾听"米粉"的声音，成了他的每日必修课。

互联网思维、注重用户体验、饥饿营销等，让小米品牌的口碑进一步提升，当数量庞大的"米粉"抢购一款新上市的小米新品的时候，小米的品牌营销可以说是"无为而治"——什么都可以不做，只要你遵循互联网的规律。

小米的成功，对传统线下渠道的手机品牌是一个巨大冲击。小米模式无疑取得了巨大成功，而其成功的根本在于互联网时代，用互联网思维进行产品研发和销售，借助口碑传播，同时通过用户体验，把用户变成粉丝，形成粉丝经济，而粉丝的追捧，成就了小米的互联网"帝国"之梦。

作为创业者你要明白，投资人投的是你的未来，需要你的一个好的商业模式，让你能够赚更多的钱，而不是给你花钱。VC选择项目，它永恒的公式就是你要有一支优秀的团队，同时你的商业模式很性感，让他认为跟你一起玩，就能够赚到大钱，这才是投资人。你认为投资人不好接触的一个核心原因，就是你一点都不性感，也就是不能给投资人无限希望。

在企业管理中，你会发现我们企业经营所有的问题，都来源于你的增长停滞，也就是说，你的企业不增长了，你的业绩下滑了，再换句话来说，你没有钱，钱进不来了。所谓"人为财死，鸟为食亡"，那么各个层级的人赚不到了钱以后，你的各种管理问题也就出现了。昨天不是问题的问题，今天也变成了问题。

比如，前几年暴雷的小黄车，疯狂扩张，导致资金链断了以后，内部的管理问题突然间也都暴露出来，创始人团队也大量地离开等等。就跟多米诺骨牌一样，倒一个其他都倒了，所以，一个企业的发展，成也商业模式，败也商业模式，小黄车不正是这样吗？

那么，当我们看明白了这个问题，我们要去思考商业模式，它是我们成长型企业家的一堂必修课。也就是说，我们所有的企业家，所有的企业的高管，一定要对商业模式的内在逻辑有高度认知，而不要去掌握一些商业模式的方法，也就是所谓的盈利的多少条招数，这些都只是一些方法、工具而已，它并没有从逻辑上、底层上让你理解你什么时间，或者换到什么期间该出什么牌了。所以，企业家和企业的高管的核心工作，就是要不断地去学习战略，去寻找一些商业模式的方向。

将帅无能累死三军，崇祯皇帝在中国历史上，也是足够的努力，可以说他是历代亡国皇帝里面相对来说应该是最勤奋的那个人。他的勤奋，所有的人都是有目共睹的，十几年经营大明王朝殚精竭虑，但是，最终把这个"企业"带向了灭亡，为什么呢？

作为一个统帅，他并没有在战略上，在模式上真正地占领制高点，并没有理解支撑这个帝国去发展或者是去转型的核心因素是什么，并没有很深刻地去理解，所以说一将无能累死三军。

那么，对于我们企业家来说，就是你对商业模式的底层逻辑的理解。

我们做商业模式，要整体规划，只有把整个逻辑想明白，明白你的行业分析，明白你的资源分析，明白你的客户关系分析，明白以后你分步实施谋定而后动。你在出发之前，尤其是对于我们二创、三创的企业家，可能对于很多一创者来说，首次创业可能干就完了，先干先走，因为你没有太多时间去想，没有太多时间停下来。

商业模式九经

但是，对我们众多的企业已经有一定的成功基础了，你就不要只低头拉车，还要抬头看路，还要不断地去思考：你差什么，你缺什么，你的下一步，你和这个行业和这个市场还有什么样的需要等等。等你把这些想明白了以后，你谋定而后动。

商业模式好比是一套庞大的"冰山"，我们很多的时候看到冰山上别人赚了钱，就盲目地采用别人的商业模式，别人做的行业有多么好，你的同行是怎么赚钱，你看到的都很好，但是很多的时候你没有看到冰山之下才是人家的核心，才是人家赚钱的核心、赚钱的系统的逻辑。

赚利润的时候，我们绝大多数的企业家可能容易看见冰山以上的利润。但是，冰山以上的利润已经竞争异常激烈，那么在这个时候，我们如何发现冰山以下的内容，就是我们对商业模式底层逻辑的理解。

我们将冰山以上的利润让利给我们的客户，让利给我们的经销商，让利给我们的渠道，乃至让利给我们的员工，让他们更加有动力工作为我们努力，因为有了冰山上面的这些努力，我们发现了冰山以下的内容。你只有把冰山以下的内容理解透了，才可能将你的商业模式更加优化。所以，商业模式是一套庞大的系统，我们必须深刻地深度理解。

在商业模式的创新的宏观结构中，首先就是我们要同行业复制，再谈创新。

很多人最擅长的就是同行复制，别人怎么干，我就怎么干，不用再费劲，多轻松啊！别人赚钱了，我们就赚钱了，那么这种模式在什么行情下流行？在初创阶段可能也行，但是，也不一定全行，假如这个行业已经竞争异常激烈了，你没钱、没时间、没人，你进去别人怎么干，你怎么干，你可能就死掉了。

那么，同行业复制最普遍的一个状态，就是过去前30年我们干的事情，在不断地同行业复制，别人干到了，你当时跟随着你也去干，你就能赚到钱。也就是说，我们在整个社会物质、社会经济基础还比较薄弱的起步阶段，而市场空间足够大的时候，你去复制别人立业。

但是在今天，这个市场已经没有利润可言了，你这个时候再去复制别人，可能只有死路一条。所以，在今天的这个时代，我们如何能够跨国界、跨地区地去复制，跨行业地去复制，我们要复制对方行业的内核来用到你的行业。

你看别人怎么干的，把别人的商业模式参考了以后，你拿过来看是否能够为我所用。我们需要发掘我们的客户和合作伙伴，因为他们是对我们的产品使用最深的一群人，我们如何去创新，改良我们商业模式来满足他们的需求。

我们的客户的需求是真需求，还是假需求？需求背后的需求是什么？你是否从你的客户中发现这些问题，从而去优化你的商业模式？我们说，一半以上有效的创新，都来自团队，所以千万不要忽视你的团队，你的团队是最能听见炮声，最能够了解客户，也最了解你的运营，最了解你的组织，那么，你对他们有了深度了解，对他们的问题有了深度掌控以后，你就可以对你的商业模式进行改良，这就是我要传递的一个理念：创新商业模式是一套方法论，而不只是一套方法。

商业模式的创新是一个动态攀岩的过程。从0到1，再从1到100的阶段，你都要不断地去优化调整商业模式。在这个调整的过程中，可能也会走错路，但是在这个过程中，你一定要不断地根据我们的方法论去优化、去调整。

我们说，商业模式创新也可能是找死，没走好不小心把自己弄死了，也是有可能的，这个风险还是很大的，因为改革、改良失败的风险还是非常巨大的，尤其是当你没有懂得我们底层的逻辑的时候，你盲目地出手，失败的概率还是很高，但是，如果在今天的这个时代，不创新你早晚也是死，因为这个时代在不断地变化，你不敢创新，依靠过去赚钱的模式一干干到死，从来都不敢去想如何去改良，如何去创新，那么你会被这个市场淘汰。

商业模式的创新确实很难，而学习它底层的逻辑，真正地掌握了以后也挺难，但是我们只有先把难的解决了，以后才能够更加轻松。如果你连学习都觉得很痛苦，可能你的商业模式要优化、要改良，我觉得也只是空中楼阁。

我们所有的企业家，尤其是在今天数字化信息化的时代，我们要构建平台，构建生态，我们要构建围绕我们形成的这种交易的各方，让他们在我们的平台上产生价值。

第二节　企业家需要用高维视角打造商业模式设计

凡是今天有缘能够翻开本书的人，都是希望自己的企业能够更上一层楼的人，甚至是希望自己的人生更上一层楼的人。为什么企业家需要学习？为什么创业者需要提升自身？企业做到一定程度不就可以了吗？我就可以放下手上的事情，好好享受生活了对吗？那为什么还要花费宝贵的时间和精力来学习呢？

1. 为什么企业家要具备高维视角

其实，企业家作为一家企业的掌舵手，是一个企业的灵魂人物。一个企业所反映出来的特质，同企业家本人是息息相关的。一名成功的企业家，需要有坚韧不拔的意志，需要具有在风浪面前稳定的心态，更加重要的是，具有总览全局的战略思维。经营企业也是心态的比拼。

当一个企业遇到"瓶颈"，一定程度上也是企业家本人遇到了"瓶颈"，遇到了认知和能力的天花板。这个时候，企业家就需要重塑底层思维模型，重构商业认知，通过思想进化模型，企业家才能够重新定位和重新塑造自己的思维模型。心态决定战略，战略决定模式，模式决定结果。

什么是重塑思维模型？为什么要重塑思维模型？这里举一个简单的例子：企业家在创业期有创业期的角色，创业期企业家们可能要亲力亲为，可能要身先士卒。但是我们同样会发现这样一个问题，当企业家们习惯于身先士卒、亲力亲为的时候，对于一个企业的管理，就仍然停留于日常事务的管理层面，而没有达到领导层面。换言之，企业家们在这个时候，还只是一个企业管理者，并不是一个企业的领导者。

当然，这样的角色定位，在一切都顺利的时候，并不会有违和感，甚至很多企业家在成功的时候，都会风轻云淡地说一句："运气好。"但是，当一个企业身处逆境，或者面临发展"瓶颈"的时候，企业家们也还能把当前的情势当作运气的暂时缺席吗？不能。当失败的时候，你不能说："我运气不好，或者差一点。"这解决不了问题，只有从技术的角度去反思才可能解困。人的一生，短期靠运气，长期靠实力。更重要的是，你需要有自己的个人战略系统，把运气和实力联系起来。当你有了个人战略系统，你暂时的好运或者坏运都可以化成幸运花园里的土壤，给你带来更多的成长力。

企业家拥有战略系统，就需要给自己的思维上升一个维度，只有站在战略全局的高度，俯瞰全局，远观世界，才能够明白当下的路应该怎样布局，未来的事业要怎样发展。战略的全局意识是建立在知识的革新和思维创新的基础之上。

作为企业家，不能仅仅停留在眼前的利润上，这是短期的，是很难长久的。企业家更应该站在战略全局的高度，来剖析自己的企业和人生。那么作为一个企业家，作为一个站在风口浪尖的掌舵人，应该从哪个角度入手重塑自己的格局，塑造自己的战略全局意识呢？

2. 商业模式和高维视角的关联

著名的管理学大师彼得·德鲁克曾经说过："当今企业的竞争，是商业模式的竞争。"在胜局中的企业家，可以通过商业模式的更新迭代，让企业发展更上一层楼。而在蹉跎中的企业家，更可以通过分析商业模式，来了解企业为什么出问题，以及应该怎样解决问题。商业模式从根本上决定了企业在竞争环境中所处的层次，商业模式就是做生意的整体套路，它在企业层级对业务的运作方式做出了整体、扼要的表述。

商业模式的确有好坏之分。同样的市场环境和资源投入，好的商业模式会让企业更大概率获得成功。商业环境和企业自身状况都是在不断变化的，相应的商业模式也需要持续升级。那么，在一个企业中，谁来通盘掌握企业的商业模式呢？那一定是企业的CEO，因为商业模式是企业发展的顶层问题，也是企业CEO的核心职能之一。

为什么一个企业的 CEO 不能仅仅局限于自己企业的业务，而需要具有商业模式的这种顶层思维呢？下面我们来举个例子，大家就知道一个企业的 CEO 站在高维度去思考商业模式的重要性了。

我们都知道，让苹果一战成名的产品叫作 iPod，其实，苹果并不是第一家打出这个招牌的，很多企业都推出过数字音乐播放器，但是都没有取得成功，原因是什么呢？因为，苹果在推出 iPod 的时候，还同步推出了 iTunes，一个线上音乐商店。

这就解决了数字音乐播放的两大难题。

第一，用户端：可以方便地获得高品质音乐。

第二，供货端：唱片公司可以从出售音乐中获利。

苹果公司站在了一个更高的维度去看 iPod 产品，苹果不仅把 iPod 当作自己唯一的产品，还创造了一个平台。iPod 这个产品，只是商业模式中的一环——客户端的输出工具。而更加重要的是，苹果创造了这个平台，可以多方收益，而这个平台式的商业模式，让零和游戏变成了共赢的局势。所以苹果公司赢了，赢在乔布斯站在更高的维度，商业模式的这个维度来思考自己的产品的定位。在乔布斯眼里，并不是这台产品的利润是多少，而是这个商业模式闭环下来，能从各个环节获利多少。

3. 如何使用工具，帮助企业家站在更高维度

不得不说，乔布斯是商界奇才，上帝视角让他带领的苹果，起死回生后，以碾压般的势头，稳坐电子产品的头把交椅。作为企业家，很多人对于乔布斯是仰视的。那么，对于本书前的你，学习商业模式还有什么用处吗？

当然，任何一个企业的立足和发展，都离不开商业模式。商业模式是关系到企业生死存亡、兴衰成败的大事，企业要想获得成功，研究商业模式是关键。商业模式，是管理学的重要研究对象之一，在分析商业模式过程中，主要关注一类企业在市场中与用户、供应商、其他合作伙伴的关系，尤其是彼此之间的物流、信息流和资金流。具体的每个环节，怎样分析商业模式，怎样建立属于自己企业的商业模式，在本书后面的章节中，都会细致地剖析。

《科学投资》杂志调查显示，在创业企业中，因为战略原因而失败的只有23%，因为执行原因而夭折的也只不过是28%，但因为没有找到盈利模式而走上绝路的高达49%。

每一个企业家，都希望自己能够在商业的战场上，披荆斩棘，夺得最后的桂冠，那么，对商业模式的研究，就是你这一路过关斩将的利剑，帮你通往胜利的彼岸。

第二章 商业模式的意义

> 商业模式就是关于做什么，如何做，怎样赚钱的问题，其实质是一种创新形式。企业的创新形式贯穿企业经营的整个过程，贯穿企业资源开发、研发模式、制造方式、营销体系、市场流通等各个环节，也就是说在企业经营的每一个环节上的创新都可能变成一种成功的商业模式。
>
> 商业模式是随着企业的诞生而诞生的，无论是市值千亿美元的苹果、亚马逊，还是街边的奶茶店、杂货铺，它们都有各自的商业模式。市场也有很多火爆的商业模式。无论你从事什么行业，如果能理解透彻这些商业模式，将会使你创富如虎添翼，这就是商业模式的意义。

第一节 企业商业模式十问

企业的商业模式究竟是什么？自古以来，众说纷纭。有人说是理论，是知识储备；也有人说是实践，是运营企业的方法工具；还有人说是将理论知识的道与实践应用的术结合起来的组合拳。其实，"一千个人眼中有一千个哈姆雷特"，正如莎士比亚所说，每个人心中都有一套对商业模式的理解与定义，但是商场不论对错，只论成败。

究竟什么是商业模式？我们是否真正了解自己的企业？通过企业商业模式十问，我们将初步窥探商业模式的概貌；通过回答商业模式十问，我们将进一步了解自己企业的运营模型、初步诊断我们的企业是否"健康"。

商业模式九经

1. 谁是我们的目标客户？

第一问：谁是我们的目标客户？这个问题中的关键词是"目标客户"，在讨论之前，我们来拆解一下。

什么叫目标？想要到达的地方或者是标准叫目标，想要攻击或者寻找的对象叫目标。什么叫客户？这里需要注意，传统的一般概念中认为客户与消费者是可以画等号的概念，但是对于我们来讲，这是两个不同的概念：客户指的是针对某一特定细分市场而言的，他们的需求比较集中；消费者是针对个体而言的，他们的需求比较分散。

合并起来，"目标客户"指的就是我们想要寻找的需求集中的这类人群，分析目标客户的问题，也就是分析企业做出来的产品"卖给谁"的问题，即整个产业链的下游是谁的问题。

几十年前，计划经济时代包产包销，一款产品足以满足所有人的需要；但是随着中国经济市场化程度的不断加深，那种包产包销的产品分配方式早已不在，因此那种生产后卖给所有人的"百搭款""万能款"也早已消失。在当今互联网时代下，买家需求越来越多样化，满足用户个性化需求成为企业家的主要目标。如今企业在制订营销方案的时候，要解决的第一个问题就是把产品"卖给谁"的问题。

比如，就餐问题。虽然所有人都要就餐，但是做一家餐厅，它的目标客户是所有人吗？显然不是。面向就餐时间紧张的上班族，可以做标准快餐店，如麦当劳；面向国外华裔，可以做一家有家乡味道的中餐馆，比如 Lao Sze Chuan, Chicago；面向那些老年、儿童，可以做一家主打健康特色的餐馆，如西贝莜面村；面向偏好某一品类的，可以专做这一品类的餐馆，如海底捞火锅；面向偏好某一地域食品的，可以主打地域风情开餐馆，如北京全聚德烤鸭、稻香村等。

我们可以看到，寻找"目标客户"的问题实际上会关系到我们究竟应该"做什么产品"的问题。

2. 我们为客户解决什么问题？

第二问：我们为客户解决什么问题？我们做企业，在目标客户定位准确后，就要考虑自身产品是否能满足以及应该怎样满足客户的核心需求问题。

举个例子，如家酒店，想必大家都知道，它用了很短的时间就上市了，其中的奥秘就是帮助需要差旅住宿的客户解决了核心需求问题。走进如家酒店，我们会发现它与其他酒店不同的是——没有大堂区，直接就是入住的一间一间的屋子。为什么是这样呢？答案很简单，因为经济实用。如家酒店的目标客户就是那些付不起高昂的酒店差旅费，但是又确实需要临时住宿的旅人，这个市场非常庞大，却迟迟未被满足，直到"挥刀自宫"直接砍掉酒店大堂区域的如家酒店出现。因此，如家一出现就迅速发展，并获得了资本的青睐，从而迅速扩大规模，迅速上市。

3. 我们能不能开发更多客户？

第三问：我们能不能开发更多客户？要回答这个问题，我们需要思考还有哪些人群是未被开发的客户？他们的需求是什么，为什么没有被满足，我们可以怎样满足他们的需求呢？

我们都知道把衣服送到洗衣店专洗的人，虽然不一定都是白领、精英，但也是有一定的经济基础的人群。但是这样的商业模式也有不足，即客户比较零散。有没有人群比较集中，同时需要洗衣服务的呢？当然有！如产业工人、出租车司机、学校学生等。他们的共同特点是都有自己的隶属单位，但是都不会自己去买洗衣店的洗衣服务。

既然需要洗衣服，那就是有生意可做，关键就看怎么做。

有一家专门提供洗衣服务的企业叫"现代后勤"，他们就把这难做的生意做成了。如何做的呢？他们不再单独面向消费者个体零售，而是面向产业工人的隶属企业，服务企业单位所有的产业工人，包揽解决他们所有产业工人的洗衣问题。

4. 我们赚谁的钱？

第四问：我们赚谁的钱？有的人读到这立马就给出了答案，说我们之前不是说了"目标客户"了吗？我们肯定赚的是目标客户的钱！但是，我们真的赚到钱了吗？

麦当劳的目标客户是喜欢快餐，喜欢吃可乐、炸鸡、薯条的人群，但实际上它赚的是房地产商的钱；面包物语的目标客户是喜爱美食的人，但实际上它赚的是美食创意设计的专利钱；瑞安航空的目标客户是那些付不起高价飞机票的人，但实际上它赚的是所提供的一系列空乘服务的钱；腾讯为公众提供免费的社交平台微信、QQ，看似好像不赚钱，但是为腾讯视频、王者荣耀等软件积累了无法撼动的用户数量，它赚的是流量利润。

因此，可以看到这里的"谁"指的并不是"目标客户"，而是一环又一环的交易环节，不妨问一问自己：我的企业在赚"谁"的钱？也就是企业的盈利发生在哪一环节。

5. 我们的企业怎么实现交易？

第五问：企业怎么实现交易？明确了市场需求，接下来就进入企业经营最重要的流程——交易流程，也就是我们投入资金、资金转化为产品、产品售出获取利润、资金再次回到我们手中的这个过程。

生产制造行业，交易过程包括从产品的原材料选取，到生产制造，再到宣传销售和用户反馈等售后服务。整个交易过程中一般都会联系到上游和下游，上游即原材料的供应商，下游即面向客户人群。想要盈利，所有企业家的梦想都是在上游最大限度控制成本，在下游尽最大可能辐射更广阔的用户群体。这样，处于微笑曲线中间的生产环节才能实现利润最大化。

针对上游，我们可采取的最直接有效的方法就是找到最重要成本彻底消除。

例如，瑞士钟表品牌SWATCH腕表以内饰精致、外形美观而闻名遐迩，但成本也是居高不下。当SWATCH面对来自日本和中国香港的廉价高精度的石英表的市场冲击时，它是如何控制成本的呢？SWATCH不得不找到最重要成本进行革命性创新尝试：材质上放弃金属改用塑料，内部构造简化设计，只保留最关键结构。

又如，针对下游，我们能够做到的是最大限度地集中客户。一方面我们可以采取节省渠道成本甚至是自己做渠道的方法把下游的控制权牢牢掌握在自己手中。例如，人们一提到"去屑"就会想到"海飞丝"，一说"怕上火"就会想到"王老吉"，这就是打造了自己的专属渠道——品牌。

另外，企业在成立初期定位目标客户时必须谨慎，脚踏实地，审慎分析。

例如，顺丰是做中小件快递业务起家的，当初也有国外像摩托罗拉这样的大型企业找到顺丰，希望顺丰能承接它们的远程大宗货物运输。这固然是一桩好生意，但当时的顺丰还没有建立起自己的航空运输网络，于是顺丰拒绝了这一邀请。

自己企业的上游和下游是谁？成本高吗？可以自己控制吗？企业家们不妨问一问自己这些问题。

6. 企业靠什么赚钱？

第六问：企业靠什么赚钱？企业赚钱的闭环就是将资金投入经营活动中去，完成交易后获得比本金更高的回报，比投入资金高出的部分叫作净利润，也就是我们赚到的钱。想要多赚钱，有两种方法：一是提高注入资金，二是提高回报率。要让我们做选择的话，我们怎么选？当然是提高投资回报率，谁也不可能随时随地都有源源不断的可周转资金，只有提高投资回报率才是盈利王道。

那么，如何提高企业的投资回报率？——打造企业的核心竞争能力。

例如，德国Wurth（伍尔特）企业，原本只是一个拥有两名员工的螺丝贸易家族企业，但如今却是全球响当当的装配及紧固件企业，它的核心竞争能力发生了什么样的转变？小小的螺丝装配店几乎随处可见，谁也不会因为你家螺丝钉结实就跑来买一大堆放在家里。但是随时都会有人因汽车半路抛锚，明明知道只需要换个螺丝钉就能解决问题，可附近就是找不到螺丝配件装配店，这时如果有人愿意给你提供这个零件，但是价格可能是平常的5倍，你买还是不买？你肯定会买的。只为这一个零件再花钱去买一个轮胎实在是没必要。Wurth 的核心能力就是为全球任何地方的飞机、船舶、汽车等提供任一零件的 24 小时配送服务。它的螺丝成本没有变，增加了配送的资金投入，但是售卖价格翻了 5 倍到 10 倍，净利润至少也是从前的 3 倍到 7 倍。

凭借这一核心能力 Wurth 大幅提高了企业的投资回报率，从一个名不见经传的小小家族企业转变为如今"螺丝大王"的王国。

7. 企业能不能持续赚钱？

第七问：企业能不能持续赚钱？说到底就是这个商业模式能否持续有效，企业能否持续盈利的问题。

"问渠那得清如许，为有源头活水来"，持续盈利能力是企业保持生命力的"源头活水"，当一个企业不能持续盈利，那么距离"退隐"就不远了。企业想持续盈利，在商业模式上要下苦功，要做到"自己可以复制自己"，但是"别人绝不可以复制你"。

例如，有一家做贸易平台商的企业，连接上游和下游。这是一个涂料产业的产业链条，上游是提供化学原料的，下游是生产涂料的，没有原料涂料就做不成，但是原料价格又很贵，于是下游每年都想去找上游议一议价。但是上游一看，下游每次给的订购量零零散散，根本懒得搭理。于是，连接上下游的中间平台——涂多多应运而生。涂多多的持续盈利逻辑在于：集中下游订单，订单达到一定规模后与上游议价，压低上游价格的 3%～8%，同时让利下游 3%～5%，以双向好感持续连接上下游，从而持续盈利。

其他行业可不可以做类似的"某多多"呢？这就需要具体地考察该行

业是否已有中间商，将要做的企业能不能干掉已有的中间商了。

8. 怎么才能赚到别人赚不到的钱？

第八问：怎么才能赚到别人赚不到的钱？行业中有无同质化竞争？你的企业独特之处在哪？

孔子曰："仁。"仁，就是爱人。想要从客户手中赚到别人赚不到的钱，就需要让客户感觉到你的企业与其他企业给TA的"关爱"是不一样的，是只有你的企业才会给TA这样的"关爱"的。

举个例子，疫情之下，凡是依靠人流量的行业都惨惨淡淡，美容行业也不例外。但是有一家企业转换思路，它却做得风生水起。首先，它订购了一批个人使用的美容仪；其次，送给客户；再次，它把个人美容仪如何结合美容套盒使用的方法录制成一个个的小视频发给客户；最后，它还建立了相应的微信群，在微信群中督促客户每天使用每天打卡，举办各种各样的主题活动引导客户参与。在这个过程中,它甚至还创新出"夫妻套盒"这样的美容套餐服务，客户的好感度爆棚。客户由线下转为线上，无形中还会转发微信朋友圈帮着宣传，营业额反而比线下时候还高。在其他美容院惆怅无措时，这家美容店却在忙着收购，忙着扩大经营。

在商业模式中挖掘需求、产品创新、转型升级，这正是赚到别人赚不到的钱的秘诀。

9. 赚到钱之后如何分钱？

第九问：赚到钱之后如何分钱？想要赚钱，先要学会如何分钱。

进入互联网时代，不同于传统经济"通盘全吃者胜"的理念，如今是

"利益共享者赢"的时代，"共享经济"逐渐深入人心，如共享单车、共享充电宝等。其实，做企业也是这样，与合伙人利益共享反而能赚到更多钱。如果与别人合伙做一家企业，自己拿八分可以，七分也可以，那我就拿六分，这样我的合作伙伴都拿到了比预期更高的回报，那么更有实力的人都会争着找我合作，我的盘子便越来越大，合作伙伴的质量也就越来越高，那么企业自然就越做越好。

学会了分钱，你就学会赚钱了。"吃水不忘挖井人""滴水之恩，涌泉相报"，如果有高人指路，让你赚到了一大笔钱，不要犹豫，把一半的钱拿去孝敬那位高人，因为这个举动，你会赚到更多的钱。

"狭隘者透支人脉，聪明者投资人脉。"赚到钱之后再分钱，这是马后炮，如果你觉得帮助你的人能给你带来十万元的价值，那么你就带着五万元去找他帮忙，赚钱之前先分钱，这个效果是最好的。不仅是面对合作伙伴，企业人力资源运营也是一样的，所谓"看人之大，用人之长"。如果你要找销售人员合作，提成就不能太低，因为提成越高，才会有更多有实力的销售来帮你销售产品。

精明的最高境界就是厚道。要想赚钱，先在商业模式中学会分钱。

10. 我们已经有多少钱，还需要多少钱？

第十问：我们已经有多少钱，还需要多少钱？

厘清企业的财务模型是掌握公司运营状况的重要一步，包括企业的毛利润、净利润等，这也就是清楚我们的企业有多少钱以及企业的盈利能力，厘清公司的战略发展规划则是帮助我们在商业模式上不断创新升级，定位公司的发展目标，投入研发新产品、新项目，与时俱进，成为时代的弄潮儿。

同时，公司的财务模型以及商业模式规划也是获得资本青睐的重要环节。企业的财务状况越健康，企业发展规划越明确；预决算机制越清晰，就越是能获得资本的青睐，我们的企业就能快速壮大自己，扩展规模甚至上市。

那么什么样的财务模型是健康的呢？第一，要有明确的财务组织架构，能够以财务战略支持公司战略，集中有限资源高效发挥作用；第二，要有能够做"做好账"的财务核算体系，且流程标准化；第三，税务评估管理明确；第四，解决"管好钱"的问题，提高效率，做好事前管理，避免形成过多"坏账"；第五，全面的预算管理及风险管控的模式。如此清晰明确的财务系统就会更加吸引投资人的目光。

综合以上问题，仅仅是"商业模式"的"冰山一角"。通过回答商业模式十问，相信在创业者的心中已经有了自己企业的模型了。那么，由表及里，到底什么是商业模式的关键要素，又应该如何应用呢？

第二节　商业模式内核

商业模式四大内核为客户模式、产品模式、推广模式和盈利模式。在传统企业里，创业者是先有产品，但在互联网企业里，是先找客户，定位客户，针对客户的需求来开发产品。

商业模式就是企业的命脉，商业模式没有设计好，无论项目再好，产品再好也是徒劳无功。

1. 锁定目标客户是谁

商业模式之客户模式，如何锁定目标客户？

通过客户画像，找到你的目标客户，目标客户是你的产品所针对的消费者群体。那么如何找到属于你的产品的消费群体呢？勾画客户的画像，可以通过不同的维度——年龄、性别、地域，更为复杂的维度，还有家庭状况、职业划分等。

一个极度理想的产品，应该是"可以跨越春夏秋冬，跨越长江黄河"，但是，在通常情况下，一个产品只能覆盖一部分客户群体。这个时候，我们就需要根据不同的维度，对客户进行画像。

拿地域维度举例：如果你想做的产品，是你自己喜欢的，那么你的目标客户就是一个地区中的客群。但是，如果你的产品想要被更多的人接受，那你的客户画像，就应该来自全国。

海外消费品爆款的客户分析，如图 2-1 所示。

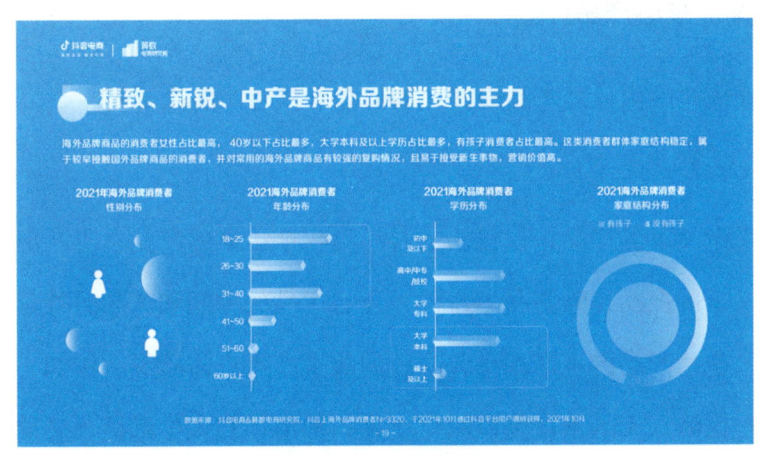

图 2-1 海外消费品爆款的客户分析

以上的图片，来自抖音对于海外品牌的消费市场分析，我们可以看到，抖音挑选了性别、年龄、学历和家庭结构，作为划分客户维度的指标。因为这些指标，对于商户在产品上的选择，有很重要的借鉴意义。（图片来源：巨量算数。）

抖音食品饮料兴趣用户调研，如图 2-2 所示。

不同性别消费者社交或聚会时饮品选择(单位：%)

男 42.92% 女 41.28% 44.98%

低度混饮　啤酒　白酒　红酒　其他洋酒　新式茶饮
咖啡类饮品　纯净水或苏打水　乳制品类饮品　果汁类饮品　汽水类饮品　其他

图 2-2　抖音食品饮料兴趣用户调研

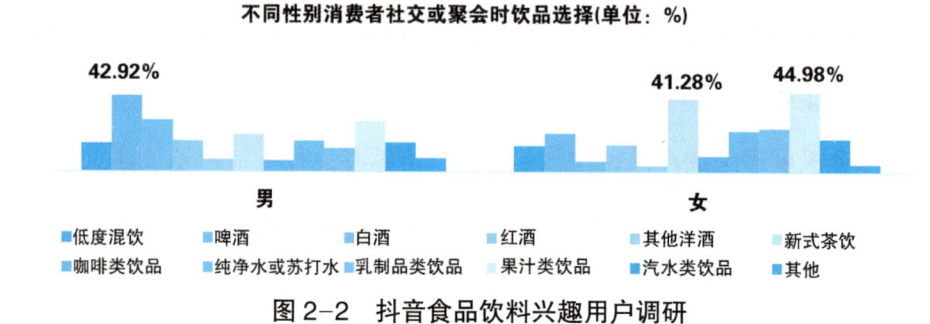

图 2-2 的这个客户画像，更加注重 B 端的产品分类，而 C 端仅仅选择了男性和女性，作为客户划分的维度。（数据来源：2021 年 11 月，巨量算数 &36 氪研究院）

2. 瞄准核心产品打造

商业模式的内核之产品模式，如何瞄准核心产品打造呢？

（1）产品的定义

广义定义下的产品，仅仅指的是厂商生产出来的产品本身。但是，在广义定义下的产品，除产品本身外，还有产品的内涵和产品的外延。产品的内涵，包括产品的生产源头，品牌的故事，用户体验等。例如，江小白和老村长白酒，卖的不仅是白酒，更是一种情怀和人生感悟。又如 313 羊庄，卖的不仅是羊肉，更是一个养羊人独特的养殖方式。

产品的外延，包括产品延伸出来的副产品、产品的外包装等。

例如小米，在最开始做品牌推广的时候，推出了一个广告，让两个人同时站到手机的包装盒上，手机盒仍然不坏。为什么这样做？因为当时的手机市场已经呈白热化竞争态势，小米想要独辟蹊径，就要在自己的产品外延上做文章。

（2）产品的分层

你有没有思考过这个问题：在我的店面的货架上，或者我公司的产品目录里面，我应该要放多少种产品呢？每一种产品上我是不是都要附加高额利润？光顾我店面的人怎么样才能变得更多？

那我们来看一下家门口的馅饼店，它是怎么做的？

家门口的馅饼店，常年只卖一款馅饼，售价10元。如果将馅饼产品进行结构分层：白菜素馅的馅饼，售价6元；牛肉馅饼，售价12元；小龙虾馅饼，售价20元。对产品结构的分层，为店面吸引了更多的客户。

那么，我们由点及面，看看我们的产品设计，应该分成哪几个层次呢？

①流量产品

这类产品的利润低，但是利润率高。此类产品存在的目的，就是为门店或者企业吸引客流，让人们进入品牌私域中，去选择更多的产品。

美团收购摩拜单车，虽然在收购之后，每年摩拜单车都是美团中的亏损产品。但是摩拜吸引了大量的流量，到美团这个平台上，使平台上的其他项目，可以成功获得利润。

摩拜单车每天的人均浏览量为13~14次，而美团在收购摩拜的日浏览量为3次，美团收购摩拜单车，就是为了增加日浏览量。

②利润产品

利润产品，通常指产品成本和售价空间大，可以获取较高收益。这类产品的利润率高，但是通常并不是销售量最大的产品。这类产品需要通过其他产品的引流，才能实现作为盈利产品的作用。

例如，宝马车系中的5系产品，五系有很多的车型，如525Li、528Li、530Li、540Li等，同时，还有带XDrive的后驱车型530Li XDrive。但是对比宝马3系，仅仅提供320i和330两款车型，同时出版了4个车型套装，但是套装与套装间最大的不同是在喷漆颜色上而不在性能上。

我们可以看出，不同的车型有不同的定位，很显然，5系是宝马用来创造利润的产品。

③渠道产品

渠道产品，没有一个准确的形象定位。通常，渠道的不同，直接决定了产品的不同。渠道指的是销售渠道，如户外广告，飞机座椅背后的头垫、汽车广告、商店超市、高速广告牌等，都属于产品的销售渠道。根据销售渠道所对应的不同客户，企业来展示自己不同的产品，从而达到获客的目的。

针对不同的渠道，将品牌依附于渠道产品，尽可能多地覆盖受众面，是渠道产品的作用。

④形象产品

我们都喜欢有故事的人，同样，客户也喜欢有故事的产品。怎样提高一个企业的格调，让客户感受到品牌的力量，是每一个企业都需要解决的重要问题。"高性价比"，是客户在产生购买意愿时的决定性因素。那么，怎样才能有让客户产生"高性价比"的想法呢？这个时候，我们的产品线上，就需要丰富一类产品——"形象产品"。形象产品，就是这个企业在消费者心目中的定位。

例如，我们看到很多的国产时装品牌，在使用流量明星作为自己的代言人。在拍摄广告宣传照片时，代言人都会穿上当季的新款拍照。明星拍摄宣传照所穿的同款衣服，也会被在店里摆出来，而且这些款式通常定价会较高。明星身上所穿着的产品，就是我们这里讲到的形象产品。形象产品，通常定价较高，甚至在某些行业，仅仅是一个概念，如宝马汽车推出的概念车型等。

这些产品，企业并不指望从中获益，而更多的是，用这些产品，完成在消费者心目中的定位和形象打造。

一个企业的产品，就像是这个企业派出作战的士兵，孙子兵法中写道："兵者，诡道也……近而示之远，远而示之近……"企业在设计产品的时候，也要懂得分层，流量产品低价，形象产品拔高气质，真正的利润产品隐藏在广告背后，同时在不同的渠道铺设不同的渠道产品来吸引尽可能多的客户。这样，产品形成矩阵，集团作战，才能收获更多的客户。

（3）锁定产品的关键要素

什么是企业的关键资源要素，就是决定企业在市场上核心竞争力的着力点。关键要素资源，并不是看一个企业有什么，而是要看目标市场需要什么。这一点非常关键。

我们来拿个人举例，这个人喜欢唱歌，平时和朋友们出去玩，都是KTV里面的焦点，但是，这个人能够以唱歌为生吗？不能，因为会唱歌的人很多，比他唱得好的，也很多。唱歌只能算是这个人的兴趣，而不能够算是这个人的关键要素资源。

但是，如果这个人英文流利，跟外国人沟通无障碍，同时，又在海外生活过，了解外国人的生活和工作方式，可以很顺畅地把中文表达的意思，用外国人可以理解的语言，传达给对方。那么这个时候，这个人的英文能力和沟通能力，就成为这个人的关键要素资源。因为这两个能力，可以帮他在市场上跑赢大部分的竞争者，即使他可能并不喜欢说英语，也并不喜欢和外国人打交道。

对于一个企业来说，也是同样的道理。企业在找到产品定位和客群的前提下，针对客群找到自己的关键资源，这个关键资源可能自己并不擅长，但是只要一直在这一个点上做文章，你就可以跑赢90%的竞争者，成为细分行业赛道的领跑者。

例如，华为，在其他科技类型的企业争做苹果代工厂的时候，华为在研究新技术上做文章，成为国内电子科技行业的领跑者。又如国内知名餐饮连锁品牌黄记煌，用自己祖传的焖锅汁秘方，让自己的口味在行业中异军突起。

找到关键资源能力，就是在行业竞争中，通过产品设计，在竞争中设置无形的技术壁垒，形成企业护城河，让消费者愿意长期，持续地为这个品牌付出溢价。

3. 聚焦推广方式发力

商业模式之推广模式，如何聚焦推广方式发力？

（1）让别人记住你

起个好名字，让别人记住你。好的名字可以起到非常好的推广作用，并能有效传达产品的文化和理念。好名字可以根据主营、自己的喜好设定，但都绕不开几个主要的原则。

①精准定位

你的名字要让别人一眼就看出，你卖的产品是什么。比如，农夫山泉、周黑鸭、饭扫光，名字易记且让人一下子就知道你的产品定位在哪个赛道。

②利于传播

你的品牌，要朗朗上口，且容易让人传播。名字不能过长或者过短，这样容易让人记不住。不能够拗口，也最好不要有生僻字在里面。

③避免混淆

不要过于靠近知名品牌，靠近知名品牌起名字的行为，更像是飞蛾扑火。最开始，是为了知名品牌的热度，但是也很容易让人混淆，为他人做了嫁衣。像现在我们的珠宝品牌，周大福、周六福、周生生、周大生、六福、周大金等。这些品牌名称高度相似，消费者现在已经不能够分辨哪家是哪家了。

那么什么样的名字才是一个好的名字，而起名字的思路到底应该是怎样的呢？

我们这里仍然拿西贝莜面村举例。西贝品牌更名历程如图2-3所示。

西贝品牌更名历程

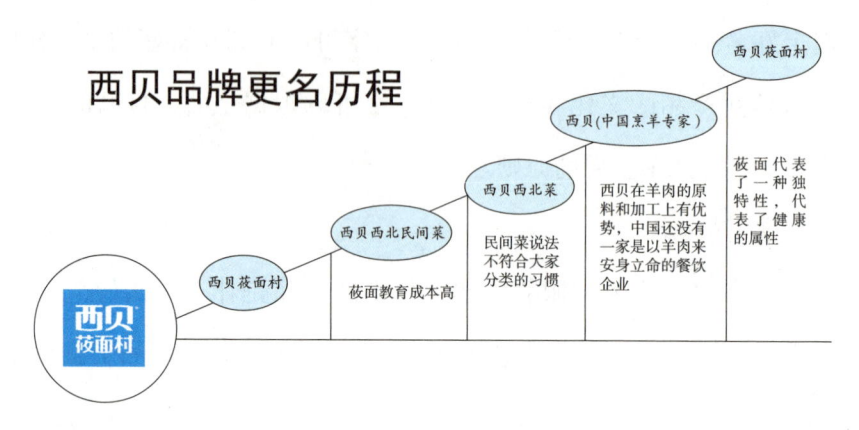

- 西贝莜面村
- 西贝莜面村
- 西贝西北民间菜 —— 莜面教育成本高
- 西贝西北菜 —— 民间菜说法不符合大家分类的习惯
- 西贝(中国烹羊专家) —— 西贝在羊肉的原料和加工上有优势，中国还没有一家是以羊肉来安身立命的餐饮企业
- 西贝莜面村 —— 莜面代表了一种独特性，代表了健康的属性

图2-3 西贝品牌更名历程

西贝莜面村经历了几个演变阶段。最开始的定位，就是西贝莜面村，但是当时，莜面这个品类过于超前，大家都还没有品尝乡村特色菜的意识。后来，西贝莜面村就改名为西贝西北民间菜，这个名字长且难记住。后面，西贝莜面村认识到了这个问题，就将名字缩短，改为西贝西北菜。但是这一品牌过于空泛，西北菜所涵盖的范围太大，面食、烤串、凉皮等。

品牌失去了焦点，虽然上口，但是流于宽泛，人们记不住它。后来，西贝莜面村还考虑过将自己的品牌更改为烹羊专家，但是未能实现，因为羊肉是一个大的品类，羊肉煎烤烹炸涮各种做法，还没有一个企业敢说自己是烹制羊肉的专家，就连百年老字号东来顺，也只把自己跟羊肉的一种吃法——"涮"结合在一起。

源于贾国龙对于西贝这个品类的钻研和热爱，而且现代人的饮食也趋向健康，所以，西贝莜面村又把自己的名字重新叫回"西贝莜面村"。而后期的广告，也有很大一部分，针对的是有小孩的家庭客户。

可见，一个名字不仅要让人知道你销售的产品是什么，也要朗朗上口，便于记忆，同时要有特色，区别于同类产品，避免陷入同质化竞争的怪圈。

（2）让别人看到你

在解决了起名问题之后，我们已经成功地吸引了我们的目标客户来了解我们的产品。那么在吸引和成交之间，我们一共分为几步路要走呢？

①解决"我为什么要买"的问题

这个问题其实就是在宣传产品，考验的是你产品的设计思路，是否直击客户痛点，让你的受众一下子产生共鸣，觉得："对！这个就是我需要的产品。"买卖从来都不是单向的产品端的推销，而是：你正好需要，而我正好有。发现需求，从而设计产品，挖掘产品，这才是这个问题首先解决的事情。

零食行业，坚果。从前，我们过年会买很多坚果，平时也就是买一些瓜子、花生。坚果，曾经是被认为油大，不健康。但是在2010—2015年，随着电商平台消费的日益兴起，人们对于坚果的认知大为改观。吃坚果健康，可以提供丰富的不饱和脂肪酸，不会长胖，且利于分解代谢。2015年，沃隆首先推出"每日坚果"的概念，培养消费习惯，改变对于坚果的消费观念。从一个季节性产品，成为一个每日必需品。各大坚果巨头紧随其后。现在，坚果市场已达百亿元之多。

所以，在产品设计时，我们要专注于解决客户需求，如果客户没有需求，我们可以通过更改消费习惯等方式，来创造需求。解决"我为什么要买"的问题。

②解决"我为什么要从你这里买"的问题

为什么是"你"而不是"别人"。企业在解决这个问题的时候,要凸显自己的竞争优势,人无我有,人有我优,人优我廉。"在行业细分赛道中做老大!"准确定位自己的关键资源,并且在关键资源上不断发力。在上文中,我们讲到了如何定位自己的关键资源。关键资源是为了解决竞争问题,首先要做市场调研,找到自己和别人存在的差异化的点,然后在这个点上不断发力,形成自己的核心优势。

例如,一个售价200~300元/晚的酒店,你要怎么去解决这个"我为什么要从你这里买"的问题?这个酒店的负责人,首先考虑的是,别人入住这个酒店,是为了什么?环境、价格、舒适度、服务、餐厅、娱乐设施。考虑到这个价格区间的酒店,更多是商务出差人士入住,所以,舒适度,将是这个价格区间的酒店行业的最大的竞争点,那么这个酒店的负责人,只要在这个点上不断发力,把床的舒适度一再提高,就能够解答:"为什么是你?"这个问题,成为品牌的价值内核。

③解决"我为什么要今天从你这里买"的问题

当你解决了前面的问题,你的客户就会认为,你的产品蕴含他/她所需要的价值,且这个价值就只有你才能提供。那么马上成交就成了自然而然的问题。这个问题,考量的是客户的紧迫度。

比如,一个企业遇到了发展上的"瓶颈",创业者发现冗余员工过多的时候,提高员工能效就成了一个迫切需要解决的问题。这样的客户就可以马上成交短期培训项目,因为他/她需要。

但是,如果一位妈妈在为孩子选择出国留学的中介机构,那么孩子其实是两三年后才会被正式送出国。这个时候,这个妈妈其实成交并不迫切。那要怎么办呢?这里,我们可以多准备几个解决方案:拉长产品服务周期;提供限量的产品;在价格上提出限时优惠;营造现场气氛。

通常,这几种方式,可以解决马上成交的问题。

经典案例:可口可乐,饮料公司?创意公司?

与其说可口可乐是一家饮料公司,不如说这是一家文化创意公司。可口可乐在1985年的时候,做了一次口味上的改变,但是这次改变引起了全美人民的反对。这个时候的可口可乐才意识到:针对可口可乐产品的消费,已经从关注口感的理性消费,变成了关注品牌和品牌象征意义的非理性消费。

这种非理性的消费,也是可口可乐百年畅销的内核动力。可口可乐对于品牌的塑造和企业文化的宣传也是煞费苦心。可口可乐曾经出品了一套创意广告,旨在宣传减少暴力,世界和平。可口可乐公司和百事可乐公司之间的"战争",又让人们津津乐道,就像两个长不大的孩子,一见面就打架。但是彼此之间的市场竞争,也促进了各自业务的增长,在同百事可乐竞争的过程中,可口可乐的市场营销可谓做到了极致。其中一个著名的案例是圣诞节的百事可乐。一罐百事可乐披上了可口可乐的外衣,这个广告成为营销的经典案例。

4. 专注盈利模式升级

商业模式之盈利模式,如何专注盈利模式升级?

企业的盈利模式千变万化,但是在这些变化多端的盈利模式中,我们也是有迹可循的。一般来说,企业的盈利模式＝盈利模式基础模型＋行业特点/企业特点。在本章中，我们着重介绍一些经典的基础盈利模型。

（1）企业的盈利模式分层

一个企业的盈利应该分层，近期利润、中期利润和远期利润。近期利润，通常是最直观的利润；中期利润，通常是指销售的渠道；远期的盈利，一定是在企业有了一定规模后，利用规模效应和品牌效应，可以让企业躺赚的利润。

麦当劳这样的巨型跨国企业，就是完整的具有三个层次的利润模型。麦当劳的近期利润，是指店里面卖的汉堡和可乐。中期利润，就是麦当劳的加盟商，通过加盟商的加盟费，店面食材采所获取的利润。长期利润，就是麦当劳通过自己的品牌效应，形成规模，招揽更多的加盟商，从而赚取的土地租金差价。目前，麦当劳的加盟店面占全球总店面数量的84%，这一部分店面帮助麦当劳赚取的，就是中期利润和长期利润。而麦当劳旗下的直营店面，仅占16%，这一部分店面帮助麦当劳赚取的就是近期利润。

（2）企业的基础盈利模型

企业的基础盈利模型如下。

①供应链盈利模式

一个完整的商业链条，应该包括生产、渠道、销售和客户这四个闭环。当一个企业仅仅有渠道和销售环节的时候，利润增长就容易受到制约。所以，当一个企业谋求更高的利润时，就要在供应链上下功夫。

海底捞真的是卖火锅卖到上市的吗？当疫情来临，线下的店面营业受到很大的影响，但是为什么海底捞的店面仍然可以好好生存。因为海底捞打造了一整条完整的火锅行业产业链。

海底捞裂变出来的公司如图2-4所示。

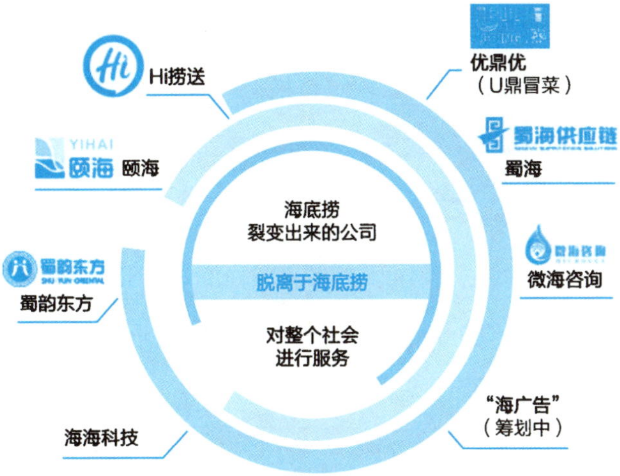

图2-4　海底捞裂变出来的公司

颐海公司专供各类底料，蜀海公司专供各类净菜产品，扎鲁特旗海底捞有限公司，供应的是海底捞的羊肉制品。在庞大的供应链体系的支撑下，海底捞可以在产业链下游快速打造与供应链相关的连锁餐厅，实现对业务闭环的控制，同时能够更好地控制成本，店面菜品价格，几乎不受市场波动的影响。

同类的企业，还有在港股上市的申洲国际，打造成衣品类的全产业链供应。山东的凯瑞商业集团，在全国22个城市，都建造了至少100亩的食品精加工企业，很多城市的很多餐厅，销售的都是这家公司的产品。

②类金融模式

提起国美电器，你的第一反应肯定是电器连锁店。但是，国美真的是做电器的吗？我们不妨先来看一下国美的盈利模式。

国美以较低的租金价格，租下一大块地方，然后分块租给各个电器生产商。分租使用的是品牌分层策略，国际大品牌的租金，低于平均租金。国际大品牌的入驻，直接吸引了国内品牌和国内二三线品牌的入驻。但是国内一线品牌的租金低于国内二、三线品牌的租金。国美只要维持租金持平就好。这样国美很快就可以完成招商。

国内对于入驻品牌的销售价，只能上浮5%。这样国美就可以迅速完成现金流积累。从销售额中，国美抽取3%作为提成。这个比例并不高，所以当时吸引了很多的商家入驻。但是，除3%的提成外，国美让每个品牌的现金收入在国美的账面上停留三个月。每天在国美账面上停留的现金数量是286亿元人民币，每天现金产生的利息约为315万元人民币。

不管前端是什么业务，当企业积攒的现金流足够多的时候，前端的任何业务所产生的利润，相比之下都趋近于0，这样就实现了从实体企业，向金融企业的转变。目前国内企业的预存卡模式，预存费用模式，都是这个金融供应链模式的变体。

③类地产盈利模式

麦当劳是靠卖汉堡赚钱的吗？不是，麦当劳是靠地产赚钱的。同样的企业还有法国的家乐福。通常，这一类的企业，会低价租下来一个地块，然后把这个地块或者地块中的一部分高价转租给其加盟商或其他店面。

一个大型的购物中心，一定会邀请麦当劳入驻，因为麦当劳这个品牌，就会带给这个购物中心带来巨大的人流量。而麦当劳，会低价把地块租下来，然后以高于底价20%的价格，将店面租给加盟商，刨除其他的成本之后，剩余大约5%的年利润。

而家乐福与麦当劳的模式略有不同，家乐福没有加盟商，所以在租地块的时候，就会连带把周边的一些地块一起租下来，租下来后，利用自己的品牌号召力，把这些地块以高于底价的价格，租给其他周边进驻的商户。

这两个企业看似模式不同，其实都是在用自己的品牌号召力，自己的体量，低价租地，然后高价租出。赚取中间的租金差价来盈利。

④利润倍增模式

当你的产品已经成型，单一销售单元的盈利模式已经设计好，且运营结果良好。这个时候，怎样扩张规模呢？这里的一个核心要点，就是重复利用你的优势资产获取利润，优质资产的保值，是成功的关键。一般来说，一个企业的核心的优质资产，包括品牌、运营模式、股权设计等。

例如，海澜之家，它的优势资产就是对于连锁店面的管理模式。所以海澜之家在店面扩张时，采用了轻资产模式，即加盟商出钱建店面，店面建好后交给海澜之家统一托管。

海澜之家盈利模式，如图2-5所示。

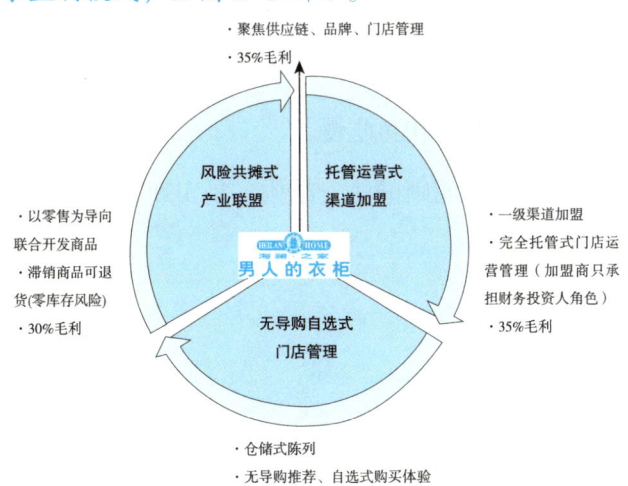

图2-5 海澜之家盈利模式

海澜之家负责统一进货，员工统一培训，店面的销售以及财务系统的统一管理等。这个模式，等于用海澜之家的优势资源和当地加盟商的优势资源，达到 1+1>2 的结果。

（3）资本青睐的盈利模式

这里稍微引入一些资本的概念。如果你想要借着资本的东风，让你的企业越做越大，甚至成功上市。在资本眼中，赚钱的企业和值钱的企业，两者有着很大的区别，或许当下看来，企业并不赚钱，但是在资本眼中企业在未来有很大的发展空间，它的模式是值钱的，那么资本也会青睐你的企业。那么什么样的企业在资本眼中才是一个值钱的企业呢？

一流的企业，要做资本做模式。能够获得融资的标准：

①具有做大的基础——有足够的市场容量。在中国，200 亿元是一个标杆。

②具有核心竞争力，创造高的竞争门槛。

③优势增长的模式，是一个企业快速成长，价值快速增加的一个核心竞争力。

④资本创造高的速度，快鱼吃慢鱼。

⑤人是投资的根本。明晰的法人结构，是实现企业价值的前提。

例如雷士照明。雷士照明，一年成长 50%，雷士照明所在的照明行业，每年的成长速度是 80%。照明行业所在的下游，是房地产和酒店行业，一年成长 90%，中国 GDP，每年成长 9%（雷士照明成长当年）。汇聚了中国所有成长的力量。雷士照明是拥有建立品牌和渠道思维的，这才是资本所青睐的。

可以利用资本快速做大规模，有核心竞争力，有理想的团队，所在的赛道，市场体量足够大且结合好的盈利模式这样的企业，才是资本青睐的。

第三节　谁需要商业模式

很多人认为商业模式是企业家和投资人该操心的事情，跟小个体没什么关系，实际不是这样的。商业模式无所不在，无论是对企业还是对个人，无论是大生意还是小生意，都需要商业模式不断升级。

商业模式是一家企业可持续发展的商业模型，它能为你提供一个什么样的产品，你给什么样的用户创造什么样的价值，在创造用户价值过程中，你用什么方法来获取商业价值。那么，谁需要商业模式呢？

1. 尚未建立商业模式的初创企业

万物生长初生都是值得期待的，中关村的咖啡厅、产学研中心的报告厅……

北京海淀区充斥着各种新诞生的初创企业，这里也是全国初创企业的缩影，这里具有着希望、怀疑，充斥着汗水和泪水，每一家初创企业都带着创办人的期许诞生，而每一个落幕的企业都是一个黯然的背影的离场，初创企业于陌生市场的初生搏杀，靠着一腔热血前行，周边都是体量巨大的公司，在这以小博大中，时时刻刻面临的都是考验和机遇，从创业创意到落地执行，没有自身商业模式的初创公司如一块白色豆腐，轻易被碾碎成末。裹上一层保护就是让坚固的外壳呵护这个刚刚诞生的幼苗，用模式来带动产品、推动市场、联动资源，虽是初生的主体但也能披上模式的防护衣。

创始人作为"领头羊",其素质决定了团队的气质。创始人在过往经历中所塑造的个人格局、视野、胸怀、决策力与统御力都起着至关重要的作用。万丈高楼平地起,夯实基础乃是长远事业开启的前提,而创始人就如同事业的起点与未来蓝图的绘制者,培养企业家思维与能力是创业者的首要任务。

创业者在选择方向上要把握住以下三点:①一定是你自己擅长的,或者有相对优势的领域;②一定是你有兴趣的,愿意干这个事;③一定在产业上或市场空间上是广阔的、有空间的。

创业者在事业上要有决断力和对结果的承担力,强者都有一颗大心脏,在复杂纷扰的信息中迅速判断并作出决定,对可能的结果有强大的承受能力,让消极变积极,从风险中抓住机会。

创业时要重视并评估自己的财务能力。企业由人、财、物组成,自有资金不足,往往会直接导致创业者外部融资负担过重。"有多大实力办多大事"是最关键的原则,不要过度举债经营;企业应"做大"而非"大做","做大"是有利润后再逐渐扩大,"大做"则是勉力举债而为,只有空壳没有实力,遇到风险必然失败。

审慎选择行业和创业方式。创业要选择自己熟悉又专精的事业,初期可以小本经营或找股东合作,按照创业计划逐步拓展。

(1)要有长期规划。企业的发展,稳健永远比成长重要,因此要有跑马拉松的耐力及准备,按部就班,不可存有抢短线的投机做法。经营理念、经营方针与经营策略均需详加规划,结合智慧与力量,打好企业根基。

(2)企业应先求生存再求发展,打好根基,勿好高骛远、贪图业绩、罔顾风险,必须重视经营体制,步步为营,再求创造利润,进而扩大经营。

（3）创业要讲求战略，小企业更需要与同业联盟，也就是在自有产品之外，附带推销其他相关产品。用"策略联盟"的方式结合相关产业，不仅能提高产品的吸引力、满足顾客的需求，也能增加自己的竞争力与收益。

在这个最容易实现梦想，也是最容易迷失的时代，着眼关键环节，夯实发展的基础，成为一个小而美企业也不失为美谈。

2. 初具规模探索的中小企业

我国中小企业给市场活跃带来了很多鲜活的力量，更是有着"五六七八九"的特质，即贡献了50%以上的税收，60%以上的GDP，70%以上的技术创新，80%以上的城镇劳动就业，90%以上的企业数量，是国民经济和社会发展的生力军。（国务院促进中小企业发展工作领导小组第一次会议）

去杠杆让民营企业最早成为牺牲品，减税负又是民营企业最晚感受到惠及，更不用说中小民营企业这几年的经营环境可能是近年来最为恶劣的生存环境，随着中国经济的发展和产业的成熟，各个行业出现行业集中度上升，强者越强、弱者越弱的"马太效应"是符合经济发展规律的，但是上级部门应该营造一个公平竞争的环境，对国有企业和民营企业、大中小规模的企业都一视同仁，让竞争力强的企业自然浮现，而不是人为地扶大压小。

中小企业发展是市场经济活跃的基础，中小企业强市场蓬勃，中小企业弱市场趋冷。

中小企业在发展中绕不过的关键问题是融资难、融资贵；加之市场需求不足，而产能过剩；在面临经济效益大幅下降的同时，亏损逐步扩大；适用中小企业的政策也存在落实及时性不足等问题，这些都导致企业负担沉重的问题。

中小企业面临的困难多，发展更要集中优势兵力发挥合力作用，要更多地聚焦自己的主业主线产品、打造优势爆款、以质取胜，走"专精特新"的发展之路。

3. 模糊不清有待整改的成熟企业

成熟企业任重而道远。企业由小到大，从不成熟走向成熟，有序化运营商业，在成熟的过程中，企业承担了越来越多的社会责任和经济责任，分解了更多社会主体的义务，从配角到主角，成熟企业规模化经营给中小微企业提供了标杆指引，又以自身发展蹚出了更多的罗马大道，这个经济市场中角色的变化，更需要提升在战略管理、模式升级上的统筹能力，任重而道远，从无序走向有序，如何梳理好商业模式，优化整改，塑造更有创造性生命力的商业模式是成熟企业的必修本领。

成熟企业在发展的过程中，每时每刻都面临着考验和挑战，稍有疏忽，甚至顷刻有颠覆的风险，所谓商场如战场，冰冷的市场不相信眼泪，更不是充斥和煦氛围的温房。在规模化经营走向国际化经营的过程中，成熟企业也绕不开突破的天花板问题：如缺乏战略性统筹规划，充斥市场上各种不确定性给战略带来不可预期的风险；领先技术的缺失和关键资源的控制力不足；创新和盈利能力远落后于国际领先企业；粗放式管理盛行下"大企业病"问题突出；运营效率不高。

打造新视野、启迪新理念、配备新动力，是商业模式要系统性解决的问题，也是让企业突破发展壁垒，延续发展趋势甚至突破层级实现跃迁发展的助推器。

4. 想创新但不懂操作的转型企业

转型企业左脚是天堂右脚是地狱，每一步都至关重要，尤其是转型变革阶段。

企业发展的每一个阶段都是一个系统性工程，跟打仗一样，每一个环节都有特别明确的目的，有对应的手段去实现阶段目标，并最终保证每个环节每一件事都要指向最终的胜利目标。而没有达成时，如何随时"添油"，复盘修正方案，机动性调整执行关系到结果达成的情况。

企业发展的每一个环节需要从战术上主导方向，围点打援，推动优势兵力往前协同作战，发挥全部能发挥的资源力量助推企业转型升级，这正是商业模式发挥作用的领域。

在中国的南部，距离晋江主城半个小时左右车程的一个工业区内，聚集了众多的知名品牌：安踏、361、富贵鸟、皮尔·卡丹、贵人鸟、雅客、喜之郎、九牧王、劲霸男装……如此多的产业集群在中国县级市中并不多见。而这个集群也是目前很多规模化企业的缩影，都处于提升创新、转变模式、升级产业竞争力的关键时期。一面是已经做熟的市场竞争格局固化，资源越发稀缺的难关；另一面是新兴市场的涌现，子时代用户是否能引来留住的挑战。在不断探索中转型、在成熟中寻求突破，将持续影响转型企业的发展命运。塑造好商业模式助力转型是企业生死线防控的重要阵地。

转型企业所面临的关键问题，如市场压力增长、经营成本上升、融资能力不足、管理体制缺乏、资源市场限制、核心人才不足等都是商业模式的关键内核，做好基本功，厘清商业模式，为转型奠定好基础是转型成败的关键点。

5. 基础厚重亟待升级的老牌企业

"正青年有梦，可气吞残虏；青年壮志，当耻疏闲；青年贯白日，风华正茂自勉励。"青年代表着未来和希望，放在企业上也一样适用，而诸多的老牌企业如何破茧成蝶、浴火重生、突破桎梏、焕发新的活力，是企业成熟路上必修的一课。

老牌企业的向死而生，不仅是对问题的直面和深刻剖析，也是对未来挑战和困难的勇敢宣战。

2021年土生土长的中国品牌黑人牙膏改名了，从1933年一直沿用到今天的黑人牙膏，也为更好地顺应时代，升级品牌定位的战略决策。这并不是个案，互联网化的不断深入后，各行业产能过剩、成本上升、技术革新、模式创新、结构调整等外部因素影响日益显现，加之政策规范化等逐步细化，这些成功老牌企业在历史功劳簿上太久，很容易面临管理思维固化、缺乏新事物吸收力、成长乏力的情况，也就是通常所说的很容易陷入"囚徒效应"。

未来市场仍将不断变化，在这样的大环境中生存，企业突破"瓶颈"最重要的一点是"变"，在变中求存，在变中求发展。尤其是在年青一代崛起的当下，老牌企业更需要转化思维，适应这个"适者生存的"市场变化，在品牌底蕴的基础上，跨"界"突破，打破原有的固有模式，焕发新的第二春。

第三章　商业逻辑剖析

> 世间万事万物皆有它的底层逻辑，商业也是如此。看透商业背后的本质，也就找到了赚钱的逻辑。我们能看到的信息都是别人给你看的，我们需要的是他不给我们看的那些信息。比如，看到一个广告，商家为什么愿意花很多钱去做，还不断地投放？原因肯定是他会赚更多的钱。
>
> 我们看到的是广告，看不到的是广告背后的商业逻辑。其实，万事万物都有一个因果关系，所谓商业逻辑剖析，就是要去了解从结果到原因的过程。比如，自媒体时代就是一个分享的时代，你想了解的知识肯定会有知道的人分享出来。为什么呢？因为分享才是变现知识的最好途径。

第一节　商业逻辑古今鉴

"大江东去，浪淘尽，千古风流人物。"回望中华文明的五千年悠悠历史，时而云谲波诡、惊涛骇浪，时而神秘浪漫、天朗气清。无论时局如何变幻莫测，历朝历代总是才人辈出。古往今来，商业长河波澜壮阔，行业千帆竞发，精英百舸争流，不少商界前辈"以智取胜"，在商业这片广袤天地写下了自己独一无二、浓墨重彩的一笔。他们深刻地阐释了商道逻辑，上演着一出出商业大戏。

1. "超级市场""异地运输"的悠悠历史

古代"超级市场""异地运输"有着悠悠的历史。

（1）"超级市场"

"超市"是"超级市场"的简称，此概念源自西方"supermarket"这一词汇，一般指大型商品售卖市场。现在，几乎所有的能够自由选购商品的贩卖店都可以称为"超市"。世界上最早的超市出现在1930年的美国纽约，但是，世界上最早运用集市贸易商业逻辑的是几千年前的中国。

相传，3000多年前，商汤的先祖相土统治商族部落期间，族人安居乐业，有时生产过剩便将物品拿出来与其他部落交换，并且和邻近部落商定在约好的时间、固定的地点开展物品交换，这便是最早的集市贸易的雏形。

随着时代的发展更迭，古代的众多商家相互借势，逐渐由个体商铺发展形成商业街，打造出区块的商业集市，这也是如今百货商场、大型超市的商业模式。

（2）"异地运输"

古时相土之前，人们还不懂得驾马拉车驮物，大多采用群放散养的办法牧马。相土则采用槽喂、圈养的方式驯养野马，在驯服了马匹之后，商族部落又逐渐驯服了牛等其他动物，经过训练之后，这些马匹、牛能够拉车驮物，成为当时商族部落与邻近部落货物交换时的重要的运输工具。

通过与其他部落的物品交换，商族部落物资日益丰富，部落实力逐渐强大起来，后来人们就把从事物品交换活动的商部落族人称为"商人"，把用于交换的物品叫作"商品"，把商人从事的职业叫"商业"，这也是如今"商业"用词的来源。

可以说，交通工具的演进极大地便利了商业的发展，马匹的出现满足了商品从本地到异地贸易的远途输送条件，减少了贸易品输送数量、重量、种类的限制，商业巨子们的传奇也就此起笔。

①商圣范蠡

春秋战国时期，范蠡被大家奉为民间财神。范蠡出身楚国，因不满本国黑暗的政治而与好友共同投奔越国，辅佐勾践成就一番霸业，因深谙"飞鸟尽，良弓藏；狡兔死，走狗烹"的道理，越王霸业已成后，范蠡功成身退，开始隐姓埋名，辗转各地经商的生活。

第一站，齐国海畔。在这里，范蠡更名鸱夷子皮，三宗生意使范蠡第一次成为巨富。第一宗生意，海盐贩运。海能产盐，海能行船，这片滨海的土地在范蠡的眼中蕴藏着无尽的资源与财富。一家人晒盐煮盐、捕鱼捕虾，再通过海上船只将食盐运往各国，范蠡的盐业市场很快就打通了神州大地。第二宗生意，蚕丝贩卖。"农末兼营"，打造海滨多元产业基地。范蠡聘请了木工专员、丝工专员及负责耕种渔猎和桑麻纺织的男工女工，组织人员开垦土地、建造房舍，打造出一个集农、工、鱼、盐、桑麻于一体的海滨产业基地。随后，范蠡就到附近的国家和地区展开了市场调研，关注相应地区的历史、风俗、人情、物产、供需等信息，回到海滨之后，范蠡就根据掌握的供需信息，将自家生产的皮货、食盐、绢、纱、绸缎等用车运往各地销售。第三宗生意，粮食收购。"低买高卖"，丰年范蠡就大量买进粮食，灾年再以平价将粮食售出，既平抑物价打击奸商，又解了国家的燃眉之急，同时提高了自己的声誉。

也正因此，齐王也关注到这位智慧贤明的商人——鸱夷子皮（更改姓名后的范蠡），于是想邀请他担任齐国的相国。范蠡几度推托，不愿答应，齐王就趁范蠡在外经商的时候，派出太子敲锣打鼓去范蠡家门口迎接齐国相国，待到范蠡回家时，已无法推却，范蠡只好应下齐王出任齐国相国，为期三年。三年之后，范蠡将家财分给至交好友和附近老乡们，谢还相印，弃官散财后携妻儿老小向西而去，开启第二段商业神话。

第二站，陶邑（今山东定陶）。在这里，范蠡获得"陶朱公"的美誉，成为"异地贩运贸易"的典范，著名的"范蠡贩马"的故事也正是在此地发生。为什么范蠡选择来到这样一个地方呢？首先，我们来看陶邑的地理位置：陶邑东北是卫国，东面是齐国，西面是魏国和韩国，南面是邹国和鲁国，北面是赵国。因此，作为各国往来要道的陶邑不得不说地理位置优越、交通便利。其次，齐国产布帛、鱼、盐，赵国盛产枣、粟、鱼、盐，邹国、鲁国则是桑麻产业比较发达，东北卫国则以商业发达闻名，各国风土人情不同，物产丰富，商业潜力巨大。最后，邻近国家居民集中，贸易市场广阔，商业信息流通迅速。有一天，范蠡从来来往往的商人中得知了吴越一带需要好马的消息，虽说马匹的收购与销售都不成问题，但是把马匹运到吴越却很难：千里迢迢，住宿费暂且不论，最大的问题是兵荒马乱的年代，沿途有很多强盗，商人可能血本无归不说，严重的还可能会搭上性命。范蠡一时也并无良策，但他时刻不忘探听贩马的消息。有一天，他通过市场了解到北方有一个很有势力、经常贩运麻布到吴越的巨商——姜子盾。姜子盾常年贩运麻布到吴越一带，在商道上早已用金银买通了沿途的强人。于是，范蠡想出了一条运送马匹的妙计。这天，范蠡写下一张榜文，贴在城门口，内容是：范蠡新组建了一批马队，开业酬宾，可免费帮人往吴越地区运送货物。不出所料，姜子盾很快就主动找到了范蠡，希望范蠡帮他把北方的麻布运到吴越。范蠡喜不自禁，爽快地答应了，两人一路同行，货物连同马匹都安全到达了吴越地区。范蠡在吴越很顺利地卖掉了马匹，赚了一大笔钱。

"范蠡贩马"是古代货物异地运输的典范，古人的商业智慧还远远不止于此。有这样一位传奇人物，他也做异地贸易，但他不做货物贸易，而是直接异地投资了一位王子。这个传奇人物是谁呢？他就是秦国阳翟大贾——吕不韦。

②吕不韦的投资——奇货可居

战国时期的某天，吕不韦到赵国邯郸做生意，见到了当时因秦赵交恶被国家质押在赵国的王子秦异人，不禁大喜："异人就像一件奇货，可以囤积居奇，以待高价售出。"这便是"奇货可居"的典故来源。

为什么这么说呢？吕不韦与其父三问三答：耕田之利，不过十倍；珠宝之赢，或可百倍；然立主定国之赢，必定无数。吕不韦做的就是这样一件"立主定国"之事。秦异人是当时秦国太子安国君的二十多个儿子中排行居中的一个，不受重视，以致即使是被派到赵国当人质，连平常的车马费用都不足，日子过得十分困窘。

但是，从投资人的眼光来看，异人的王子身份相当有价值，此时帮助异人类似范蠡粮食生意的"低买高卖"，异人也许诺吕不韦如果计划实现就分秦国的土地与之共享。吕不韦洞察当时局势：异人，虽然是安国君的儿子，但是其母妃并不受宠，且安国君属意子傒作为下一任的继承人，一旦子傒继位，异人的地位会再度受到忽视，这时一旦两国交战，异人的生死将无关紧要；秦国，太子安国君独宠华阳夫人，虽然华阳夫人没有子嗣，但是华阳夫人对于下一任的继承人人选很有发言权。由此，吕不韦就明朗了努力的方向——让华阳夫人说异人行！

于是吕不韦将自己身上的钱财分出五百金给异人用于满足日常的吃穿用度及结交诸侯；又用剩余的五百金购买珍奇玩物，以便带往秦国游说。吕不韦先是结交并劝说华阳夫人的弟弟和姐姐，告诉他们子傒继位后现有财富、地位将不复存在，再提出自己的策略，如果异人继位之后他们的财富地位可稳如泰山。接着觐见华阳夫人再晓之以理，动之以情，诉说异人的优秀，将异人对父亲和母亲的尊敬与思念代为倾吐，最后再说华阳夫人膝下无子的坏处。华阳夫人认同之后，非常顺利地就得到了安国君的认同。异人最终也顺利地继位，成为秦国的一代国君。

随着时代的发展，商人的眼界也逐步打开，"异地贩运"的贸易模式不是只适用于四海之内的华夏，同样也适合用于对外贸易上。

③明朝首富——沈万三

元末明初的沈万三，本名沈富，万三只是对他的一种社会称呼，万三者，万户之中三秀，是巨富的别号。沈万三作为江南第一富豪，富裕到什么程度呢？据传说南京城有一半是沈万三出资建成的。

沈万三本身只是一个平平无奇的老百姓，但是优点在于他勤恳敬业。最初，沈家只是善于耕种，将洼地耕作成产量高的熟地，在周庄依靠躬耕积累了一定的财富，但还算不上大富大贵。沈万三的第一桶金实际上是来自商人陆德源，陆老因欣赏沈万三的聪明才智和经商信用，于是将自己全部的田产家业赠予了这个不太起眼的年轻人。正是因为有了这笔资金的支持，沈万三开始拓展海外贸易，他的财富也开始数倍增长。

沈万三在田产垦殖与海外运输贸易上做到"两手抓、两手硬"。以周庄的田产垦殖为基础，利用水路运输，把周庄作为商品贸易的流通基地，将中国的丝绸、瓷器、粮食和手工艺品出口海外，同时将海外的珠宝、象牙、犀角、香料以及药材等珍稀奇物运回中国。这样的跨国的异地贸易活动，使沈万三很快就成为江南第一富豪，创造了一代商业奇迹。

2. 近代：机械代替人力，敢送剃须刀，但不送刀片

18世纪大机器生产的时代逐步取代小型手工作坊的时代，以往最高效的传统农业生产模式在工业化、机械化的生产模式面前也无法望其项背。"蒸汽时代""电气时代"的到来，带来了新技术，也带来了新商业。

生产模式的改变必然带来销售模式的改变。精明的商人们审时度势，在民众还在惊叹工业时代的魔力之时，新一轮的商品组合售卖模式已悄然而至。比如，男士刮胡子的工具——剃须刀，用剃须刀得有刀片吧，那么剃须刀和刀片就可以组合起来卖。怎样组合？剃须刀可以亏本卖出甚至是免费赠送，但是却能够利用机器大批量生产刀片，依靠销售刀片来赚钱。

通信、运输工具的发展变革也为近代的商业增添了新的活力。从"飞鸽传信"到"电话交流"，从"船家摆渡"到"蒸汽轮船""蒸汽火车"，通信与运输效率大大提升，货物异地贸易越来越便捷，时势造英雄，一批批商业新秀如雨后春笋般不断涌现。

（1）问鼎世界首富——伍秉鉴

清代商人伍秉鉴，正是这样一位"乘着东风"，贯通中西贸易，问鼎世界首富交椅的商业巨贾。

17世纪后期，康熙皇帝暂时放宽海禁政策，来华的外国商人日益增多，广东政府在1686年招募并指定了13家比较有实力的行商，允许其余外商交易并代海关征缴关税，这就是"广州十三行"。随后，因乾隆皇帝施行"闭关锁国"政策，仅允许保留广州一地作为对外通商港口，广州十三行成为当时中国唯一合法的外贸特区。这个时代莫大的机遇与十三行的行商们相互成就，十三行的这些行商一度被认为是世界上最富有的群体。

其中又以伍秉鉴，这个纯粹而地道的广州商人为首。伍秉鉴32岁接手"家族企业"——怡和行，这位商业奇才在中西商界左右逢源。他借助广东这唯一通商口岸的优势，利用便利的交通，不仅在国内经营房产、地产、茶园及店铺，还涉足美国的铁路投资、证券交易甚至是保险业务，值得一提的是，伍秉鉴还是当时荷兰东印度公司的最大债权人，以至于伍秉鉴的怡和行成为当时世界上名气鼎盛的跨国财团。

（2）徽商代表——胡雪岩

如果说伍秉鉴的商业成就与世界格局的发展变化息息相关，那么胡雪岩的成功则是与洋务运动时期国内的局势变化紧密相连。

洋务运动时期的徽商代表胡雪岩，既是一位亦官亦商的"红顶商人"，也是一位操纵钱庄满足军需民需的"银行家"。胡雪岩是安徽人，幼年时期家境贫困，以帮人放牛为生；12岁时，父亲病逝；从13岁开始，胡雪岩就孤身外出闯荡了。胡雪岩先后当过杂粮行、杂货行与信和钱庄的伙计，一直勤奋踏实；19岁时，被阜康钱庄的掌柜收为学徒，这位掌柜没有子嗣，一直把办事灵活的胡雪岩当作亲生儿子培养，并且在最后的弥留之际将整所价值5000两银子的钱庄赠予胡雪岩，这也成为胡雪岩商海中的第一桶金。

随后，胡雪岩逐渐与军、政两界搭上线，通过军备器械、钱粮军饷的贸易迅速致富。1861年，太平军攻打杭州时，胡雪岩审时度势，将米粮、军火装备等从上海运到杭州接济清军。正因此，胡雪岩获得了闽浙总督左宗棠的赏识，被任命为总管，主理浙江省全省的钱粮、军饷，由此胡雪岩走上官商之路。

凭借着亦官亦商的身份，胡雪岩穿梭宁波、上海等通商口岸，不仅做物资转运的贸易，还抓住机会与洋人交往，为左宗棠培养了一支装备洋枪洋炮的约千人的"常捷军"。

1864年，清军攻取浙江后，大小官员将掠取的珠宝财物等尽数存于胡雪岩的钱庄中，胡雪岩利用这笔钱财迅速在各地办起了阜康钱庄的分号。随后拓宽经营范围，不仅开办钱庄，还开办了至今仍在营业的胡庆余堂中药店，提供满足军民所需的"胡氏避瘟丹""诸葛行军散"等药物。胡雪岩通过所有产业积累的资金，最高时超过两千万两，成为当时的"中国首富"。

此外，商帮商会也十分活跃。除了以胡雪岩为代表的徽商，还有为近代中国经济做出较大贡献的晋商，如以曹三喜为代表的曹氏家族，商号在国内遍布华北、东北、西北等各大城市，在国外则涉足俄罗斯等地，在中国人的经商史上创下了不朽的辉煌。

可以看到，近代商人的经商传奇大多跨越国度、超越民族，逐步连接世界，开始迈入世界市场的大舞台。

3. 现代："互联网+"时代，"免费"打败"付费"

"这是一个最好的时代，也是一个最坏的时代；这是一个智慧的年代，这是一个愚蠢的年代；这是一个信任的时期，这是一个怀疑的时期；这是一个光明的季节，这是一个黑暗的季节；这是希望之春，这是失望之冬；人们面前应有尽有，人们面前一无所有；人们正踏上天堂之路，人们正走向地狱之门。"

《双城记》中狄更斯的这段话用来形容互联网时代下的商业圈最恰当不过，在这充满发展与机遇的时代，同样充满风险与挑战；在这样一个觅得商机便可取财的时代，同样有人因错失商机忙碌一生仍一贫如洗；在这样一个动动手指便可建立连接的时代，人与人之间获取信任却是越来越难；在这样一个依靠人的思维与智慧取胜的时代，仍然有人虚度时光、荒芜自己。我们应当做"智者"，而不应当做"滞者"，回顾往昔，立足当下，发展未来，让我们共同来梳理学习互联网时代商业巨擘们的崛起之路。

（1）360杀毒

"免费"这一模式，在互联网时代几乎人人皆知，那么究竟如何用到极致呢？初期，随着个人计算机的普及，计算机病毒到处肆虐。于是，杀毒软件应运而生。无论是国内的金山、江民、瑞星，还是国外的诺顿、卡巴斯基，这些杀毒软件都曾在国内风靡一时。但是，不付费病毒库就无法更新，这是它们的共同点，也是用户的痛点。

后来，360杀毒软件横空出世，病毒库免费更新，这就一下子统一了杀毒软件的市场，所有用户都选择了360。既然连病毒库的更新都已经免费，那么360是如何赚钱呢？于360而言，免费不是目的，扩大用户基数才是目的。360安全卫士和360杀毒对用户永久免费，但是360并不是只做这两块业务。360旗下还有360网址导航、游戏、web开发、软件下载等业务领域。360通过安全卫士的"免费模式"快速占领市场，打造用户心中的信赖品牌，从而为其他业务引流。

无独有偶，以这种方式崛起的巨头还有腾讯，最初打造腾讯QQ作为风靡全球的免费社交软件，随后拓展业务到视频、游戏等各个行业领域，以及阿里巴巴，如今大部分民众都还是使用淘宝购物、使用钉钉办公，但是阿里巴巴早已赚得盆满钵满。

（2）瑞幸咖啡

再举个例子，近年来有一款咖啡风靡全国，众多网友劝商家："不要再发券啦，再发券你们都要破产啦！"这款咖啡就是瑞幸咖啡。

瑞幸咖啡的创始人钱治亚，在2018年说过这样一句话："用10亿元教育市场。"那么，这传说中的"10亿元"，瑞幸花在哪里了呢？花在了赠送给用户的优惠券上！瑞幸咖啡的优惠券是一套"组合拳"。

①新用户专享券包。新用户首次登录luckin coffee App及小程序，小鹿茶App和小程序，可免费获赠新人专享大券包，登录luckincoffee App或小鹿茶App使用。直到现在，瑞幸网站还有"下载App，新用户首杯立减20元"的活动。

②好友分享，连续获客。朋友之间分享获客的成本远低于说服一个用

户下载 App 购买产品的成本。用优惠券购买后，能够通过分享，用户和好友各得一张优惠券。这个分享过程是连续的动作，"向好友分享，得到优惠券，进店消费，再次分享"。

③好运锦鲤，抽奖宣传。2018 年的支付宝锦鲤活动一下子让大众对于抽奖转发活动兴趣满满，没事转一转，说不定下一个锦鲤就是我呢！瑞幸咖啡也为了活跃用户，经常开展一些 App 上的抽奖活动。例如，奖品为 Airpods 的抽奖活动，鼓励用户分享点击界面，中奖的用户会非常愿意在微信、微博晒出自己的奖品，无形中用户已经为瑞幸咖啡做了宣传。

④借势平台，互利共赢。目前大家主要通过微信、支付宝、手机绑定银行卡等方式进行支付，瑞幸咖啡也经常和支付宝、银行合作，达到互相宣传，协作共赢的效果！

2019 年 3 月针对瑞幸咖啡的一项调查数据显示，2018 年前 9 个月的累计销售额为 3.75 亿元，净亏损高达 8.57 亿元。瑞幸却表示，这样的亏损，在预期范围内。先亏损，圈用户和市场，是互联网企业的基本打法。但是，这种亏损，并不是长期的亏损，而是策略性的亏损。瑞幸咖啡通过发放优惠券的方式维系原有顾客，开发和吸引新顾客，许多用户非常喜欢这种"福利"，甚至在朋友圈、小红书晒出了瑞幸咖啡的"福利"，还帮助大家普及"瑞幸咖啡免费喝教程"，教用户"薅羊毛"。不定期的优惠券方法，总结来说就是来靠大量的补贴拉新留存，激励用户重复购买，效果立竿见影，因此，瑞幸挤进了 2018 年苹果商店 App Store 美食榜前五名。

在完成了这种烧钱式的补贴后，瑞幸的业绩呈井喷式增长：瑞幸最新发布的财报数据显示，截至 2021 年 9 月 30 日，瑞幸在全国的门店数量已经达到了 5671 家，其中包括 4206 家自营店和 1465 家联营店。2021 年第三季度，瑞幸总净收入 23.5 亿元，同比增长 105.6%；瑞幸自营门店也继在 2021 年上半年实现扭亏为盈后，经营利润率进一步在第三季度提升至 25.2%，同时自营门店的同店销售增长率为 75.8%。到今天，我们可以说，瑞幸咖啡创始人的市场预判确实已经成功实现。

（3）免押的共享单车

如果企业自己的流量入口比较单一，想要扩大用户流量，该如何操作呢？衣食住行分不开，比如衣服和食品都可以放在一家超市里去售卖，那么互联网时代不同行业的流量池该如何融到一起呢？我们来看一个案例。

2018 年 4 月 3 日，美团以 27 亿美元（35% 美团股权，65% 现金），全资收购摩拜单车。从 2020 年 12 月 14 日晚开始，摩拜单车 App 停止运营，所有摩拜单车的老用户，可以登录美团 App，扫码免押骑行美团的单车和电单车。美团为什么收购摩拜单车呢？

美团对自己的定位是美食外卖，所以，用户每天打开美团的机会，就可订外卖，每天三餐，早中晚三次。而美团收购摩拜，是想要利用摩拜的"超级高频的流量入口"为自己引流，为美团的生活服务平台填补空白区。自从收购了摩拜之后，用户打开美团的频率上升。每天的任何时间段，只要人们需要扫码使用共享单车，都要先打开美团 App。如此，同时为美团平台上的其他服务打开了流量入口。通过这个案例我们能够明确互联网时代流量的重要性。

① 流量即用户，用户即收入。共享单车最具价值的部分在于用户数据，如用户生活轨迹、生活方式、消费偏好等，通过挖掘数据信息，运营商能

够把握用户现有需求，开发潜在需求，扩展自身生态体系边界。

②流量即支付场景，移动支付即大金融领域。共享单车平台为大众创造了又一个支付场景，谁能将这一支付场景收入囊中，就意味着在移动支付领域之争能够获得更大的市场份额，为后续进军大金融领域奠定基础。美团收购摩拜正是为了收集分析这部分用户数据，进而优化其推送、个性化推荐，打造每个人专属的"美团"。

（4）买水送饮水机，收押金

近代工业革命时期，有买剃须刀刀片送剃须刀，现在，有买桶装水送饮水机的例子。

例如，桶装水公司为了更多更持久的销售和盈利，开展了买桶装水就送饮水机的活动。一般模式是，购买一定数量的水票，就送不同款式的饮水机，如果企业单位订单较多，不仅买水赠机，还包揽常年清洗饮水机的工作。

比如，产品套餐一：桶装水单价15元/桶，买10赠5，150元可以得到15桶饮用水；产品套餐二：购买20桶桶装水送饮水机一台。看起来，似乎产品套餐二更划算一些，但是真的是这样吗？在套餐一中，桶装水的实际到手价格为10元/桶，放在套餐二中，20桶水也不过是200元，那么多出的100元去哪了呢？不就是用户为饮水机支付的价格。

由上可见，互联网时代，已有的商业模式可以"站在巨人的肩膀上"翻新改造，未有的商业模式可以自由发挥、主动创造，只要思维灵活运转，商机无处不在，有时候逻辑很简单，关键就要看有没有人运用智慧去发现。

第二节　商业逻辑的天马行空

商业模式本身就是千变万化的，变化创新后的商业模式，你可能根本不了解商家本来的目标客群是什么。换言之，你知道商家真正卖的是哪一件商品吗？是货架上陈列的那些，还是弥漫在空气里的氛围？抑或是站在橱窗前茫然选购的你？有些商家醉翁之意不在酒，你所看到的他（它）们的客户，实际上根本就不是商家真实的目标客户。

1. 商业模式自我创新

以下这些商业模式自我案例，可以带你进入一个天马行空的商业模式世界。

（1）地产租赁中间商——麦当劳

在你心里，麦当劳是靠什么盈利的？是不是靠卖面包，卖薯条盈利的？不，并不是。麦当劳是一家地产租赁中间商。

当麦当劳进入一个区域市场的时候，一定是在充分准备的前提下进入的。充分准备，这里指的是对市场环境的充分调研。麦当劳在进入一个全新的市场的时候，通常会对当地的房价进行调研，如果房价仍处于低位，会把房子买下来，建立店面，再把店面卖给加盟商。这样，麦当劳就是地产租赁商。

那么，麦当劳还有另外一种租赁模式。麦当劳的品牌具有足够的号召力，所以，当一个新的购物中心成立的时候，很多购物中心为了吸引人流，就会邀请麦当劳、肯德基这样具有品牌效应的餐厅入驻。利用自己的品牌竞争优势，麦当劳会以低于市场价的价格租下店面。之后，开始建店，运营。为了保证店面的存活率，麦当劳会给到加盟商各种扶持：如团队培训、产品进货、加盟费用。同时，麦当劳总部会定期到加盟公司进行检查，如果检查合格，就会提前退回店面的保证金。店面成活后，麦当劳会把店面由直营改为加盟。加盟商每年向麦当劳总部支付租金。相较租金的价格，麦当劳总部会把租金的价格上调10%，除去原有店面扶植成本，还剩下5%的租金为纯利润。麦当劳在全球的店面，其中86%的店面是加盟店，仅有14%是直营店面。这样的店面分布比例，是保证麦当劳获得稳定店面租金收入的关键。

又如，我们看313羊庄模型，如图3-1所示。

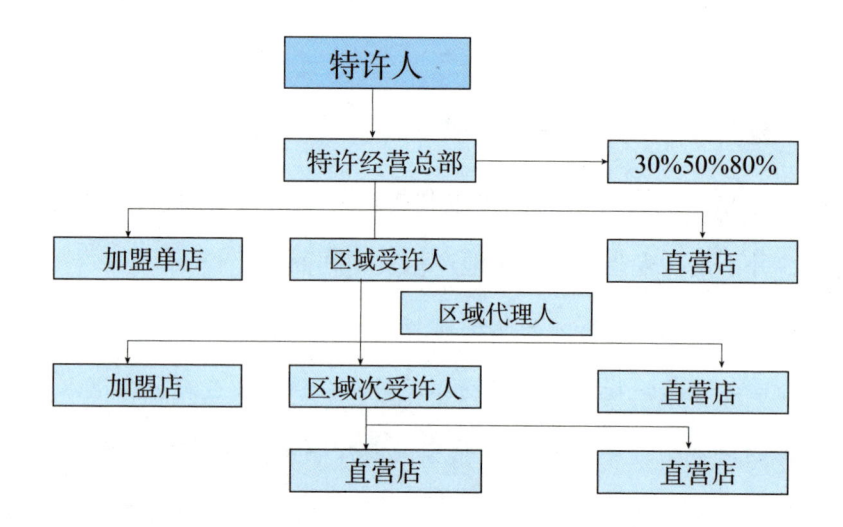

图3-1 313羊庄模型（连锁经营的加盟体系）

华莱士合伙人模式，如图3-2所示。

实现人效、资金效率、成本效率最大化；实现总部与外部投资人、单店管理利益一致；店面快速裂变发展，让公司拥有可持续盈利能力；用最低的成本，实现利益捆绑，让老板不再是一个人努力，而是一群人一起前行，让公司低风险、高速度的实现裂变扩张。

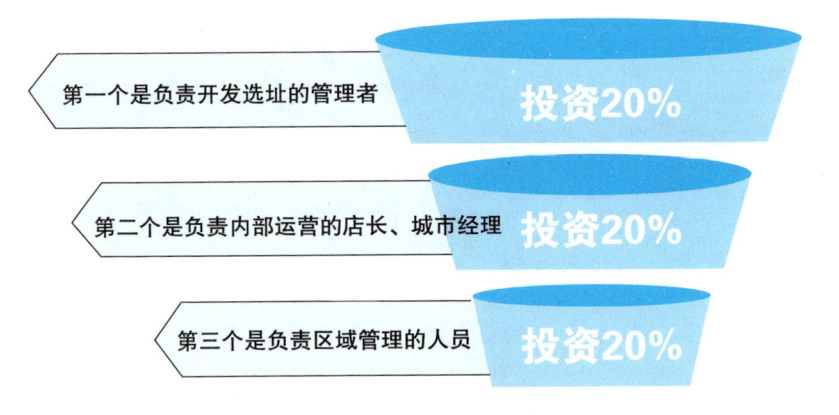

第一个是负责开发选址的管理者　投资20%

第二个是负责内部运营的店长、城市经理　投资20%

第三个是负责区域管理的人员　投资20%

其余部分，由总部的股东进行投资

图3-2　华莱士合伙人模式

（2）全球最大商业地产和物流地产商——沃尔玛

沃尔玛是全球知名的大型超市，提出的口号是"帮顾客节省每一分钱"。当你提到沃尔玛，首先想到的一个词是什么呢？我想应该是"省钱"。但是，沃尔玛真正的盈利点又是什么呢？真的是货架上那些便宜的面包片吗？还是一些背后你看不到的东西？

与其说沃尔玛是一个大型超市，还不如说沃尔玛是一个大型的商业综合体。你所能看到的，沃尔玛货架上的面包片，或者冰柜里的和路雪，利润微薄。沃尔玛真的只靠这些货架上的货品，就可以连续七年成为全球最大的公司吗？

简单来说，货架上这些便宜的商品，仅仅是沃尔玛获得客户流量的方法。实际上，沃尔玛也是一个地产商，沃尔玛在全球70%的店面，都是沃尔玛买下后，租给自己的子公司使用的。租金是由沃尔玛总公司和子公司商议后决定。地产增值的部分，抵押给银行，抵押出来的钱，5%用来开新的分公司，剩余95%的资金用来做其他投资。

除此之外，沃尔玛也是全球最大的物流地产商。沃尔玛在全球多个国家和地区，建立了自己的物流基地和物流仓库，利用自己的规模优势，发展自己的跨国物流生意。同样，利用规模效应，同时兼顾低成本和高品质的企业还有很多，如极兔快递、美团外卖等，都是利用自己的规模效应，整合资源，形成马太效应，强者恒强，最终发展成为行业的"巨无霸"。

（3）银行存款大户——国美

提起国美，你想到的是什么？一个电器公司，但是你知道，国美真正的巨额利润，并不来自电器销售的利润，而是来自银行存款的利息。

国美创始人在20世纪90年代，创造出这样"明修栈道，暗度陈仓"的商业模式，堪称一代商业鬼才。他租下店面，并且根据商业等级的分层，以不同的价格，分租给不同的电器品牌商。对于国际一线品牌，给到的租金价格低于租入价格，对于国内的一线品牌，给与同租入价格持平的租金价格，对于那些二、三线的品牌，给到的是高于租入价格的租金。这个策略，仅仅是国美为了保证稳定现金流的一个策略。

那么，国美真正的盈利点在哪里？国美要求，所有入驻的商家，加价的空间不能超过5%，并且每一个商家在结算时有3个月的账期。也就是所有购买电器的钱，需要在国美的平台停留三个月。这三个月的时间，国美将这些钱存在银行，用以赚取银行利息。一亿元现金存款，每天的账面收益是11 000元。截至2010年5月，国美每天的账面现金高达286亿元，也就是每天光利息收入就接近315万元。

相较于这样的利息收入，前端的电器销售收入，从利润率的角度来讲，就微不足道了。从战略上来讲，前端的电器销售，其实是稳定流量的一个手段，真正的利润，是来自国美在银行的存款利息收益。

（4）卖创意的公司——可口可乐

可口可乐曾经于1985年尝试更改配方，并且召开新闻发布会宣布自己更改配方。而且，在这次更改配方之前，他们已经做了实验，就是把新旧配方的两种可乐放在一起，让消费者品尝，经过大家品尝后，结果发现消费者更加喜欢新口味的可乐。所以，可口可乐才信心满满地发布了自己的新配方。

但是，新闻发布会后，奇怪的事情发生了。可口可乐的这次更改配方，被众多消费者反对，人们甚至打电话到可口可乐公司，表示自己的不满。可口可乐公司不得不终止了这次的配方更改。到底是为什么呢？

其实，消费者对于可口可乐的消费已经超越了理性消费，转向非理性消费。

什么是非理性消费，就是当你口渴的时候，你走进一家商店，只要你看到柜台上摆放了可口可乐，你就会忍不住地想要去买它。这个时候，如果你问问自己为什么会去购买可口可乐？可能你也说不出来。到底是什么原因让你为手里的这瓶可口可乐付了钱。

这就是非理性消费，这也是支撑可口可乐品牌百年来长盛不衰的一个重要内驱力。那么什么样的品牌可以达到这样的消费高度呢？就是当一个品牌下的产品，成为品牌的载体，成为文化的载体。我喝进去的，不是可口可乐，而是可口可乐所承载的文化内涵。那么，可口可乐在品牌营销上，也更加注重企业文化的推广。例如，著名的暖心系列广告。以及万圣节的广告，都体现了可口可乐与美国主流价值观的相吻合。

可口可乐，成功地把自己从一个销售饮料的公司，提升到了一个销售文化的公司。当你打开可口可乐公司的官网，你找不到产品的宣传。取而代之的，是对于一些世界性话题的倡导。例如，倡导减少浪费，促进再生资源的利用；倡导消除种族歧视；倡导企业应该担负起自己的社会责任，回馈社区。

（5）经营客户情感共鸣的公司——太二酸菜鱼

太二酸菜鱼，你以为它卖的是酸菜鱼？它的酸菜鱼真的那么好吃吗？没错，它说自己的酸菜鱼吃了不上火，这是一个突出的卖点吗？就这一个卖点，就可以收获全国230间的店面吗？店面的复制仍然在继续。太二酸菜鱼已经在九毛九旗下上市。是什么支撑了太二酸菜鱼？

如果你真的去吃一次，你就会发现，太二酸菜鱼，对于自己的客群定位非常明确，他们瞄准的就是"85后"——有独立消费能力，有社交需求，爱玩的年轻人。一道酸菜鱼的制作时间基本是15~20分钟。年轻人哪里能坐得住这么久？那么太二就给你足够好玩的东西。首先，太二店主的形象，就是一个很呆萌的，只会做酸菜鱼的老实人的形象。其次，太二的店里，挂满了太二的品牌故事。为什么叫这个名字，因为店主太二了，为了钻研酸菜鱼而总忘记开店。

太二酸菜鱼纸巾袋，如图3-3所示。

图 3-3　太二酸菜鱼纸巾袋

当你打开纸巾袋，是定期更换的关于太二的漫画故事，沙发上的抱枕也是关于太二的漫画。这还不算，店里摆着抽签桶，店里提供的柑橘茶包装，抽签桶里面的签文，还有柑橘茶的茶包，处处有太二，把现下"996"一族的"丧"文化体现得淋漓尽致。例如，有一个大凶的签文，就写着，"人生就是这样起起落落落落落落的"。还有一个"吉"的签文，写着，"你变秃了，也变强了"。

太二酸菜鱼：吉凶签文，如图 3-4 所示。

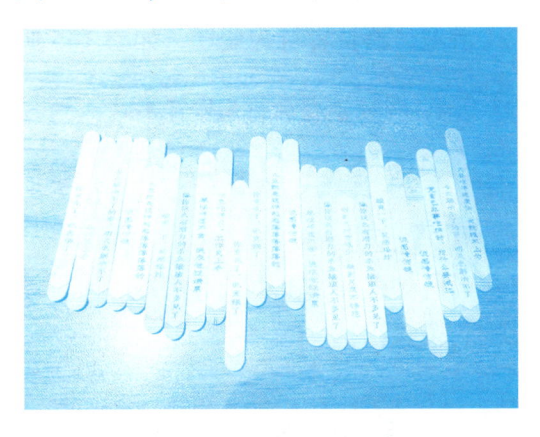

图 3-4　太二酸菜鱼：吉凶签文

这样看来,你还觉得太二仅仅是一家卖酸菜鱼的餐馆吗?从本质上来说,太二不仅出售酸菜鱼,更是一家出售"情怀"的企业,利用同目标客群的共情,将客户牢牢吸引在品牌周边。当几个备受"996""007"压迫的"85后""新"中年人下班后,聚在一起商量吃什么的时候,太二希望他们想起的是"太二"这个品牌,这个可以和他们产生情感共鸣的地方。

2. 商业模式自我迭代

商业模式自我迭代,分为以下三个阶段。

(1) 20世纪90年代开始:互联网刚刚兴起

互联网对于商业仍然是一个陌生的概念。幼年时期的中国互联网,仅仅作为一个传播的媒介。

消费者的消费行为,仍然会受到地域的影响,消费者的消费意愿,会受到网络广告,电视广告的影响。在接收到广告的信息后,人们还是会就近到购物中心去购物。人们接收信息的方式增加了,但是人们的消费行为并没有改变。

从20世纪至21世纪,消费者行为变迁,如图3-5所示。

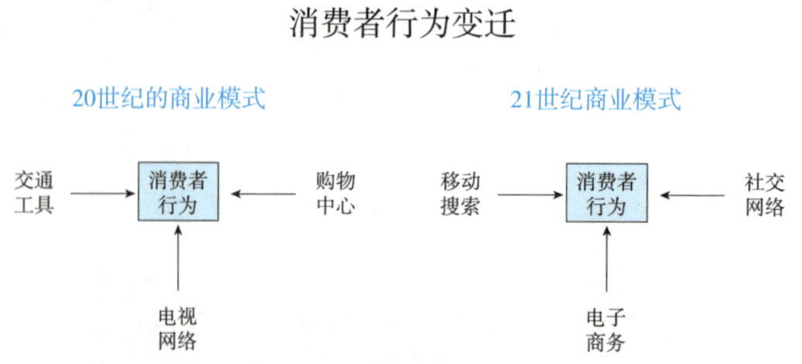

消费者行为变迁

图3-5 商业模式迭代:消费者行为变迁

2003年5月,淘宝网创立,标志着互动式消费时代的到来。人们不仅从网络上被动地接收商家信息,也会货比三家,在众多网络商家中寻找心仪的产品。当人们可选择的产品增多时,对于商家来说竞争压力随之而来。利润空间变小,产品价格透明,地域不再是限制人们购物方式的鸿沟。物资变得极度丰富,卖方市场向买方市场倾斜。谁更有消费话语权?消费者真正想要的是什么?

从2013年至2015年,淘宝经历了自己内部的大数据改革,自2015年开始,阿里云正式投建产品化阶段,阿里云很重要的一部分工作,就是大数据服务。也就是从这个时候开始,当你再去看淘宝的时候,每个人所看到的,都是根据自己平时的喜好而被大数据推演出来的画面。互联网,真正成为一个互动平台,人们发现了互联网中大数据为商业的变革带来的新风向,紧随其后的滴滴、美团、摩拜单车等互联网公司,都是前端消费,后端大数据的模式,来进行商业的架构。

(2) 21世纪:全民IP的时代

进入大数据时代的我们,会显得有些不知所措。互联网比我们更清楚我们的喜好,我们根据这些平台推送的产品,来决定自己的购买意愿。我们变成了"沉默的大多数"。

数据的收集已经变得疯狂,即使当你的手机在休眠的状态下,只要你说了什么,第二天,你的某一个搜索引擎上,就会出现相关的搜索。或者你朋友给你发了一张淘宝的图片,你都不用自己去搜索,过两天,你的淘宝的搜索页面,就会出现这个商品。

作为消费者,我们享受着大数据带来的生活便利。但是作为一个独立的人，我们感到隐私被侵犯，我们的思想被控制。人们急切地需要发出自己的声音。而且，互联网的消费人群，趋向年轻化。抖音说"记录美好生活"，快手说"拥抱每一种生活"，微信视频号说"记录真实生活"。这三大主流短视频平台的 Slogan，讲出了 21 世纪消费的新趋势：个性化。

抖音和快手的开屏 Slogan，如图 3-6 所示。

图 3-6　抖音和快手的开屏 Slogan

我们不再局限于淘宝的卖家市场。我们去选择更多更加个性化的产品，通过观看符合"我"的口味的短视频，去看"我"喜欢的直播，去选择"我"喜欢的产品，甚至，"我"自己可以创造个人 IP，把个性化的发现，分享给平台上所有的活跃用户。现在抖音的日活达到了 8 亿用户。"双十一"期间，李佳琦和薇娅直播间的人数相加超过了 1.3 亿用户。有了这样的传播力量，每一个人都可以成为一个"个性化"的意见领袖。

这个时候的互联网，已经由一个单纯的单向传播平台，转化成为一个互动平台。每一个"我"的意见，都会影响到商品的设计、商品的销量，以及商品的推销员。从前，商品设计是一拍脑袋的灵光乍现，是创意。但是现在的商家，在设计产品之前，一定要去研读各大平台的客户数据报告，分析客户需求，才能够设计出受市场欢迎的商品。总而言之，从前是商品引导消费者的消费习惯，现在更多的是，消费者反向引导商品的研发。互联网越来越多地具有互动的功能，这为商业的下一步发展，打下了坚实的基础。

（3）未来：互联网向物联网的飞跃

提到物联网，我们就不得不提到一个概念"工业4.0时代"。这个概念，最初是在德国汉诺威工业博览会上被正式推出。工业4.0，就是利用信息化技术，促进产业变革的时代。现在全球性的产能过剩，同时消费端个性化的需求无法被满足，让有着广阔的市场空间。这时，急需工业生产方式进行创新和变革，解决产能过剩和个性化需求之间的冲突。

工业4.0这个概念，就是将企业的生产数据和消费端的需求数据进行融合，以满足人们的个性化需求来进行生产。举一个通俗一点的例子，例如，鞋，都是批量生产，但是如果有一个人的脚胖一些，就要到手工作坊去定制鞋子，这个人对于鞋子的个性化需求，无法在批量生产的工厂得到满足。但是，在工业4.0时代，这个人的需求，就会转化为数据，通过互联网传回到工厂。工厂就会综合客户数据，进行定制化生产。如果需要宽版鞋的客户增加，工厂就会依照客户需求，减少生产普通制版的鞋，而多生产宽版的鞋。

工业时代的变迁，如图3-7所示。

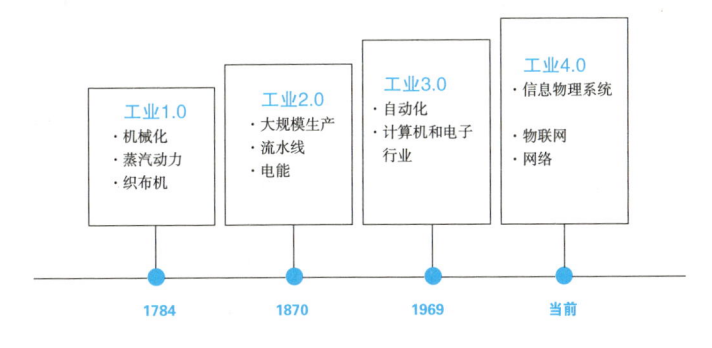

图3-7 工业时代的变迁

这是我们通俗意义上的"物联网"。在工业4.0的时代，不再是卖方市场，不再是我生产什么，就销售什么。而是根据客户不同的需求，来给客户提供定制化服务的概念。

早在2014年前后，汰渍就在美国推出了一种手动传感器。当你的汰渍牌洗衣凝珠用完之后，你只要轻轻按下传感器，亚马逊就会根据你平时的订货量，为你直接下单所需的汰渍洗衣凝珠，并且根据存储在云端的你的地址信息，直接帮你把东西寄到家门口。这是第一代的物联网。这个服务当时仅限于给亚马逊的 Prime 用户（亚马逊的付费高端用户）开通。

亚马逊为汰渍推出的便捷订货按钮（Dash Button），如图3-8所示。

图 3-8　亚马逊为汰渍推出的便捷订货按钮（Dash Button）

同样的事情，小米也在做。小米的手机，以及小米的家用电器，你以为还只是一个品牌小家电吗？小米的野心不止于此。小米的手机，小米的家用电器，小米的各个终端产品都成为手机数据的传感器。例如一台小米的冰箱，里面会安装传感器；例如，平时你的冰箱中存放的啤酒数量大概是6瓶。当你的存量低于这个数量的时候，这个数据已经通过互联网传回了小米总部，那么经过数据分析，小米的智能冰箱就会提醒你，该为你的啤酒下单啦！当你下单购买了啤酒，这就完成了一个订购啤酒的消费闭环。

物联网，是基于互联网以及云端数据存储和计算技术的一种联网新模式。在物联网的世界里，你的很多需求都会被及时得到满足，但是同时，也完全暴露在了大数据的背景之中，新的生态正在形成。正是基于这一系列的技术突破，商业模式也在不断焕发着新的生机，精彩绝伦的商业故事也将继续轮番上演。

第三节　商业模式关键要素剖析

商业市场环境纷繁复杂，各种信息充斥其中，如何更好地守住本心，从复杂的市场中找到并牢牢抓住发展机会是每个经营者面临的重要一关。机会是给有准备的人提供的，做好基本功，厘清商业模式要素是经营者必修的功课。本节内容将先拆解商业模式的要素，发现经营各环节中关键资源的作用，以及各个环节如何导向商业目标。知其然知其所以然是修炼自身提升商业逻辑，突破思维牢笼的关键。

1. 商业模式六大关键要素

商业发展多是由一时的商业创意为起点，融合周围资源而发展起来的，商业模式的赚钱逻辑是一家公司产品和服务价值变现的逻辑，是基于产品研发、转化和资金运作轨迹而成的底层规律。在经营的各个环节中，首先要厘清关键环节和每个环节的核心内容，并从每一个内容中拆解出发展的动因和变化的因素。从变化中发现不变的规律，从变化中找到核心的逻辑。

关键要素一：市场定位

在社会生活中，每个人都在不断重新给自己定位，不断调整到更适合社会环境和社交状态，企业作为由人组成的聚合体也是一样的，企业在经济活动中不断修正自己在商业环境中所处的位置，让自身的定位日趋精准，所处上下游具有的主导权越来越大，市场占有比重逐渐增加，这就是企业成长的路径。

在商业活动中，企业能够提供什么产品，针对哪些用户，需要上游提供什么支持，需要下游解决什么问题，都是在定位中要解决的问题。其中，市场定位首要也是最重要的是明确用户定位，找到用户，找准用户，才能让一切后续计划有方向去施展，有目的去达成。蛇无头不走，在缺失方向时，一切的努力都像是用沙子堆砌的堡垒，水一冲就毁掉。

用户定位简单说就是围绕人的各种需求，有针对性地找到某一类人群，他们具有共性的需求问题亟待解决，并且愿意为解决问题付诸成本，而找到这类人并且解决他们的痛点就是用户定位。比如养老产业，是针对无法依靠子女等后辈养老或对养老有特定需求的人员，用户群体明确，用户需求明确。而针对这些人群，如果放在当下的市场环境中，我们在梳理群体的需求时就需要对每一个因素进行分析，再从国情、人文、社情、经济等各方面因素综合考量后，在中国养老能形成可复制的商业模式的是社区养老和居家协同养老，如图3-9所示。

在中华传统文化中讲究"百善孝为先""老吾老，以及人之老；幼吾幼，以及人之幼。天下可运于掌"。把老人送到养老院不符合社会价值观，这个时候既能满足养老的需求又不有悖于道德要求，那么以社区范围养老互助和居家为主协助为辅的两种类型是尊重社会规律和自然发展规律的模式。

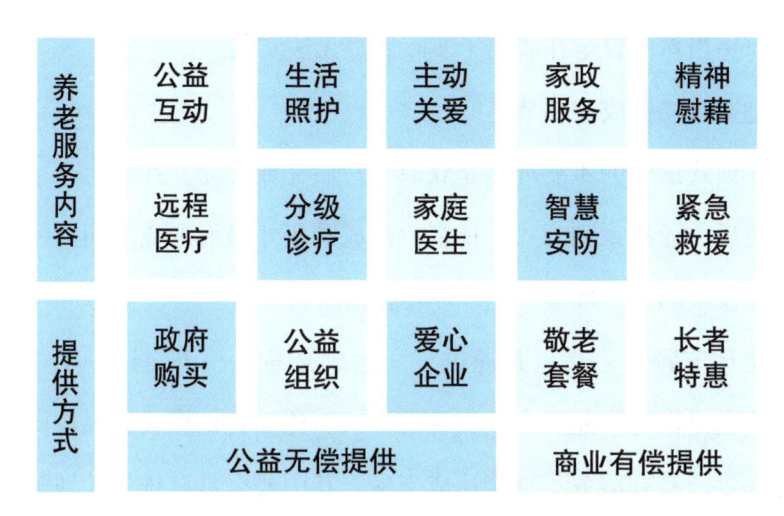

养老服务内容	公益互动	生活照护	主动关爱	家政服务	精神慰藉
	远程医疗	分级诊疗	家庭医生	智慧安防	紧急救援
提供方式	政府购买	公益组织	爱心企业	敬老套餐	长者特惠
	公益无偿提供			商业有偿提供	

图 3-9　中国养老可复制的商业模式

在用户定位中也有个比较通用的工具——客户画像，如图 3-10 所示。

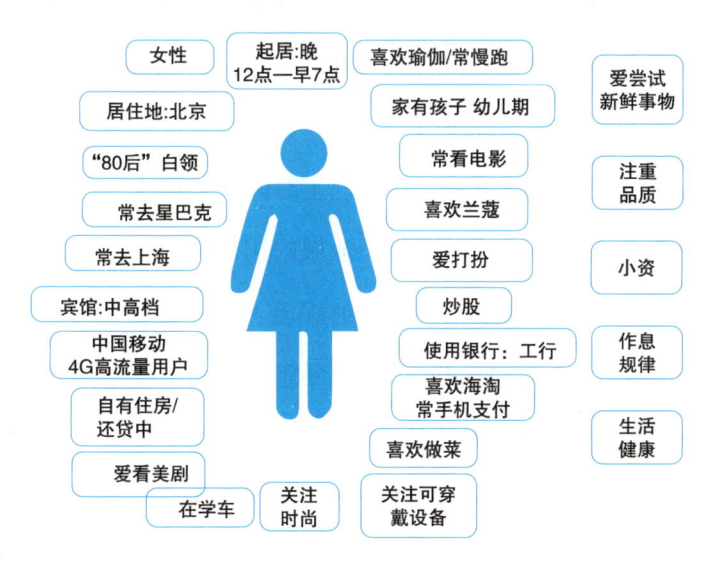

图 3-10　客户画像工具

在选择用户后，通过用户本身的社会和自然特质分析用户的标签，通过标签总结用户的特点，聚合大量用户后的群体特点就是用户的定位区间。市场定位除了要精准和清晰，更要以符合市场规律和实际情况为前提，任何想当然的设定在脱离了实际后都无法实现。

关键要素二：成交环节

商业模式运转的重要环节是获取客户后完成交易。在确定市场定位和用户定位后，通过系列方式，让客户形成购买才最终形成了商业模式的闭环，商业模式的各个环节才能环环相扣达成目的。

成交环节顾名思义就是通过买卖达成交易，一手交钱一手"交货"。商业模式也是设计产品和客户交易的方式。比如直销模式，供应商直接为消费者提供产品和服务，直接达成交易，其中要么具有排他性地解决用户需求，要么提供额外的价值，如优质的服务和良好的售后等。随着技术进步和互联网的发展，线上电商成交、直播成交等日益增多，并逐渐成为交易的常态，线上技术提供了新的成交方式——交互式成交，用户基于商业的介绍或直播间的体验就直接线上付款，通过物流配送直接接收商品，或是线上购买后在线下体验消费，在实现了时间和空间上的突破后，交易和体验开始分离，让传统交易中受限于地域的用户可以线上达成交易。这种成交方式在疫情影响下的市场中极大地满足了用户需求，降低了大渠道囤货的成本，并让 7×24 小时的成交成为可能。

内容营销模式，如图 3-11 所示。

互联网带来更多想象空间，发展更多的成交样态，而无论如何创新，通过商业模式各个环节的配合最终导向成交才是最终目的；商业模式的进化就是成交的进化，提高成交效率、降低成交成本，一手提高成交效率，让卖货的能力更强；另一手降低成交成本，让卖货的利润更高，这是商家

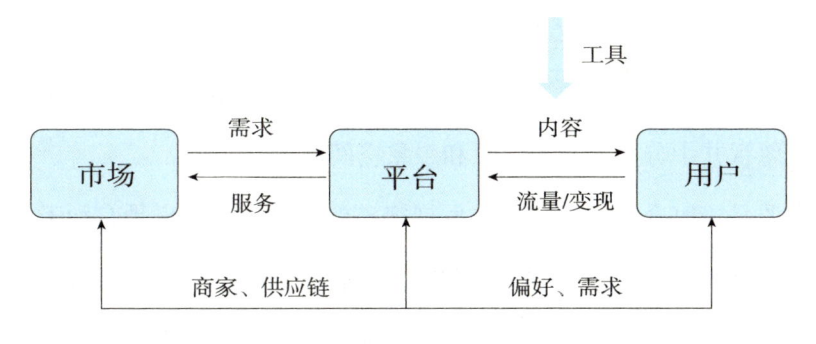

自始至终的追求，也是商业模式力求实现的目标。

内容营销——通过输出不同形式的内容满足客户需求而获得收入

图 3-11　内容营销

那么在商业模式设计时成交环节一定要少，根据墨菲定律，环节越多，不可控因素越多，出错的可能性就越高。减少环节和步骤，降低不可控因素，集中提高成交的效率。把成交作为第一前提是初期设定商业模式的宗旨。

关键要素三：关键资源

我们在商业分析中常常提到"资源"一词，在创业中也是首要考虑自身具有的资源，有一定的资源基础才有可能抓住未来的商业机会。在面对资源时，需要考虑三个重要的问题，第一，目前已经具有的资源中重要的资源是什么；第二，这项重要的资源如何获取；第三，如何让资源转化为资产进而成为价值。解决这三个问题是商业模式设计中发挥资源优势的思路。

商业模式非常依赖资源，企业具有的资源是一家企业控制或拥有，能够在商业活动中调动并用于实施商业计划的各类条件。资源从不同的角度可以有多种分类方式，从内外部看分为内部资源和外部资源，企业人力、财力、物力、技术、管理、可控市场和渠道等都是内部资源，而对应的产业政策、市场环境、行业等属于外部资源。在资源根据是否有形上又可以区分为有形资源和无形资源，除了实物外的技术、信息、品牌、文化等都是不可忽视并十分具有运作前景和想象空间的无形资源。

资源是一家企业安身立命、发展突破的关键因素，也是有别于其他任何企业的独特标志。正是因为资源的差异化和独特化，让企业具有独特的发展基础和无限前景。良好的资源是企业长久发展的基石，没有充分而良好的资源条件，企业很难获得独立发展，没有不断补充的丰富资源，企业也无法在竞争市场上长久立足。好的商业模式是利用资源、整合资源，并发挥优势资源的系统工程。

这里我们从有形和无形分类上来系统了解资源的内核。企业所具有的一切都是企业的资源。从资金转化为资产，再通过生产经营活动后再转化为资金，是企业从生产到再生产不断创造利润的循环过程，这个过程是企业不断创造价值的过程，也是企业整合资源的过程。

在这个过程中，我们最直接感知的就是企业的有形资源，从厂房设备、运输工具、原材料等都可以看得见摸得着，同时能在资产负债表中体现出来的，这些是直接可以调动的资源条件。而无形资源从最广泛的角度可以包括金融资源、人力资源、信息、技术、客户关系、品牌商誉、文化等。我们重点了解下金融资源、人力资源和知识性资源（品牌、商誉、专利、商标等）。

金融核心的奥秘在于杠杆、信用上，金融资源是一切可以用于转变为资金的资源，如银行信贷、现金资产、股权期权、商业票据等。现金流是企业生存的血液，现金流是否充足、稳定、不断增长，直接与企业经营发展的稳定和前景挂钩。金融资源的稀缺和不可替代性是企业在资源整合中需要重点关注和倾注精力优化的。手里有钱心里不慌，在市场竞争越发残酷，内外部压力不断增加的当下，企业手握金融资源才能有足够的本钱发展，并在竞争中有充足条件扩大自身规模，更能在面临发展危机时有足够支撑生存的资金。

人力资源在近年来逐渐被管理者单独作为一个系统关注，企业是由人聚成的组织，作为聚合体，天然具有人的特性，在管理上也需要遵从人性，顺应规律。在法律上作为独立"人"承担权利义务的公司，在对于人力资源的管理上，也要从整体的角度把握资源，从个体的角度微调优化。人力资源是一家单位内外部可以利用的人员的聚合，自有的人员团队和外部的支持人员都是一家公司的人力资源，比如互联网科技公司外聘的技术专家、医疗器械公司聘请的医学医疗专家、农业公司聘请的农学教授等。在这里我们更聚焦公司的核心优秀团队，在一切可以外包的时代，核心团队是一家公司的灵魂凝聚。从战略决策者、核心管理者、智力输出者到技术经验传承者等，这些承载了团队智力、管理和技术经验的关键人员都是人力资源的核心。

人力资源管理的核心，如图 3-12 所示。

经营对外、管理对内，公司经营中都是人在组织和发挥作用，并且人作为公司组成的最小单元是最具有成长性的存在，也是其他资源的所有者和使用者，对于人的培养是从基础上优化各项资源的使用效应，这也是人才激励越发成为一个重要课题的原因。选人、用人、育人、留人，建立稳定而长效的人力资源体系是充分发挥人的能动性，激发资源潜力的有力保障。

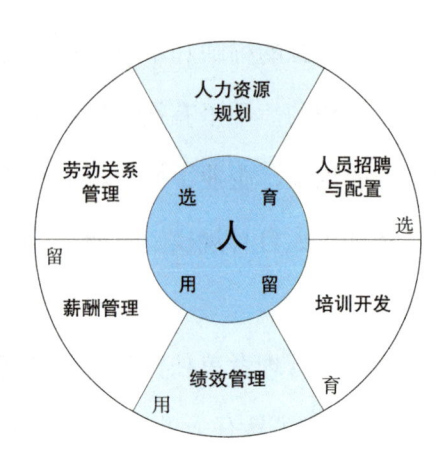

图 3-12　人力资源管理的核心

知识性资源随着互联网的发展和知识产权保护意识的提升越发显现了其重要性，从技术、商誉、品牌、专利到公司文化等都是其中重要的内容。知识性资源无形而又极具成长空间，在使用中非常具有操作可变性，是商业模式中极为重要的一个要素，也是形成公司竞争力的基础。国家高新技术企业安身立命的根本是各项无形知识产权，也是企业发展前景的主要衡量标准。比如，南极人在经营多年后，品牌授权成为业务中的一个重要组成部分，对于品牌经营的模式有着自身独有的一个体系。这些都是基于知识性资源运作的商业模式。

各项资源在获取、使用中都是极为复杂的结合，商业模式设计也是整合资源的过程，把分散的资源集合为企业发展服务。在资源整合的过程中，第一阶段是用好现有资源，从企业经营定位上对资源盘点过滤，筛选适合自身发展的资源，好的不一定是对的，适合当下企业发展的资源才是最优的资源。第二阶段是在自有资源的基础上，寻找并增加互补性资源，丰富资源组成，让优势资源充分发挥作用，补足资源发挥补位效应，共同形成聚合式效果，这就是资源组合的战略体系。这个体系的第一阶段是在基础体系上不断扩大覆盖的市场空间，也就是落实好企业发展的路径。第二阶段则是以目标为导向整合存量资源，更有目的性和方向性，突破现有资源的约束，也就是马斯克所说的第一项原则，聚焦高价值目标。

关键要素四：盈利模式

从生存经营环节的现象中总结出逻辑，从经营上升为战略就是盈利模式研究的路径，企业经营是创造价值的过程，在不断循环往复的生存经营过程中，积累利润，扩大规模创造新价值。盈利模式是企业赚钱的模式，也是产品或者服务交换后获得的利润或交换的价值的方式。从构成上来说，从投入资产到获得收入，剔除各项成本组合后，最终获得利润的模式。

盈利模式是商业模式运作的核心部分，是商业模式最终达成的方向，企业是以获得利润实现经营目标的市场主体，盈利是生存的前提，也是发展的条件。盈利模式决定了企业在市场中参与分配的方式。

清晰并形成闭环的盈利模式是企业获取利润的关键，当然并不是每一家企业都能清晰地规划自己的盈利模式，这正是商业模式设计中需要解决的问题。从商业创意到商业模式，在粗放式发展的过程中，正是要从各个环节中提炼出盈利模式，从借鉴好的模式入手，找到适合自己业务体系的模式。这里我们一起来看下几个有代表性的模式。

奇虎360软件是免费模式的代表，先创造价值后追求利润。早期杀毒软件市场是由江民、卡巴斯基等头部软件公司占据市场主要份额，市场全部是付费模式运作，360打出了"终身免费"的口号后迅速占领市场，这一免费模式加之互联网发展的加持，让边际效用发挥模式的优越性，在成本增长可控的条件下用户通过线上网络的延伸无限制地增长。在杀毒还是基于年费模式的市场中，用免费换取流量，用服务换取用户，先占领山头，再建设阵地，在获取了市场后，拥有的广大用户群体就是它具有的独特资源，通过360体系的浏览器、网址导航、web开发、软件下载等业务领域和游戏等应用场景组合成平台，当用户从浏览器中打开"百度""谷歌"的搜索框时，360就可以向第三方收取费用，同理，大大小小的网站和页面只要想在360上被访问就需要向360付费，用平台服务将用户资源转化为了价值，在这个基础上由小米等公司又不断衍生出了各种流量生态体系。

360公司盈利模式如图3-13所示。

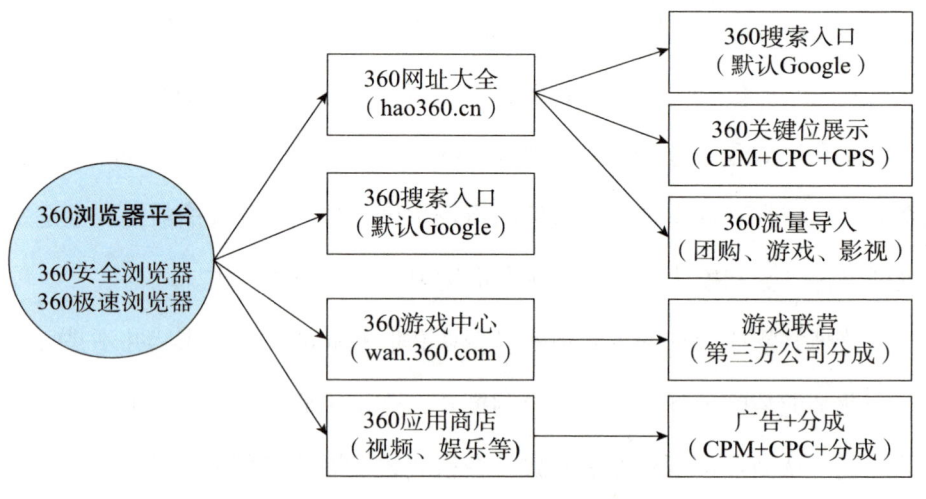

图3-13　360公司盈利模式

另外很有代表性的是万达集团的商业地产模式，万达集团创立于1988年，已经发展为集商业、文化、网络、金融四大产业于一体的集团，2017年位列《财富》世界500强企业第380名。截至2017年7月10日，万达集团总资产8826.4亿元，2017年上半年收入1348.5亿元。

万达网络科技集团是"实业＋互联网"大型开放型平台公司，拥有飞凡信息、快钱支付、征信、网络信贷、大数据等公司，运用大数据、云计算、人工智能、场景应用等技术为实体产业实现数字化升级，为消费者提供生活圈的全新消费服务。

2017年8月9日，万达集团公布重大资产重组计划，万达两大轻资产公司——万达酒店管理公司和万达文旅集团注入香港上市公司。

万达商业"去地产化，转身轻资产"，预示着城市多中心化已导致客流分散，商业地产招商困难，增值空间减弱。如果要盘活地产，只有通过新零售重构"人货场"，自营一部分新商业业态构建模式、系统、方法、供应链与金融能力，才能帮助和招募更多零售品牌商在地产内进行新零售的升级，实现商业地产的新价值。第一步是构筑地产平台——打造地产新零售平台，通过自营业务重塑"人货场"；第二步是整合赋能商家，整合多种能力，吸引商家入驻。在轻资产模式运作中，发挥边际效用的特点，从中获取更多的盈利空间。

万达盈利模式，如图3-14所示。

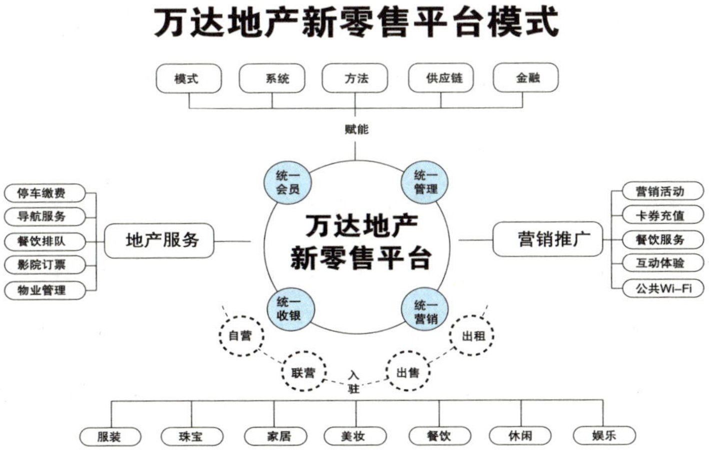

图3-14 万达盈利模式

在企业经营管理中，收入和成本是两个重要组成部分，利润是两个管理的直接结果，单纯只提高产品利润的模式是无法让企业在同质化竞争越来越激烈的市场中突围的，盈利模式是整体提高利润，实现长期效应的机制。

关键要素五：现金流管理

现金流是企业经营管理中持有的资金状态，是企业保持竞争性、维持运营机动性，并且是把握新的发展机会的有力保障。现金流也被视为一家企业的血液，良好的现金流具有自我造血功能，较低依赖外部资金，反之，企业生存就不得不依赖外部资金，而我们知道外部资金有较高的使用成本，并且获取难度非常高。一分钱难倒英雄汉，因现金流缺失而倒闭的企业比比皆是。可以说，现金流是商业模式中必须重点关注和管理的模块，是企业经营的安全线。

企业经营中运营顺畅需要有充足的现金流保障，采买原材料、发放人员工资、水电支出等经营开支都是需要现金流支持的。让现金流快速流动，释放出更多效力是现金流管理的目标，但是想要释放这个力量，各部门要按照财务规章，在流程上环环相扣，有效配合，形成清晰的现金流运行机制，但实际管理中想要依章行事、付诸行动是非常有难度的，执行力的高低是制度落实中的一关。

现金流管理是聚焦现金流量即进出平衡的管理，在保障经营有序的同时，对现金在企业内部流动的数量和时间进行有序的预测和规划，从企业经营管理、投资活动、筹资活动三个方面对现金流量实现管理、控制和分析的过程。现金流量管理是复杂和多维的系统过程，最终目标是让企业的现金得到高效的利用，能动性地创造利润。现代企业管理最重要的是提效，在这个方向导向下，企业要对自身发展需要多少资金，资金分别使用在哪些方面，资金未来可预期的周转时间是多久，需要多少作为储备等有清晰的规划，这些都是现金流管理中要解决的问题。而目前国内普遍更关注利润研究和管理，在现金流上缺乏系统的体系，本篇中我们尽可能从最关键的内容上让大家了解企业现金流管理的核心，如图 3-15 所示。

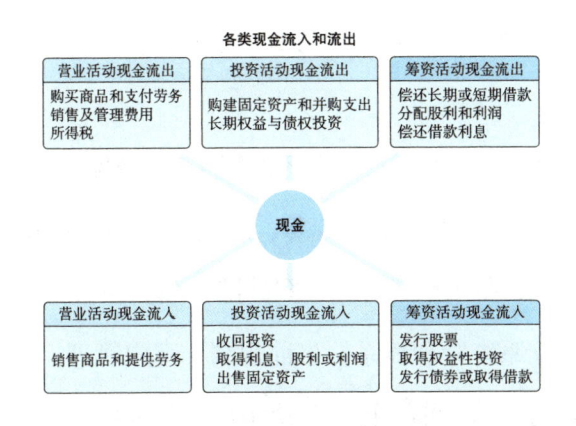

图 3-15 企业现金流管理的核心

现金流管理的难点在于现金流管理多侧重于事后管理，缺乏事前规划和事中控制，加上的绩效机制，让现金流管理与运营发生了割离，往往在发不出工资、缺少采买资金、需要动用大笔资金时才开始重视现金流管理，如图 3-16 所示。

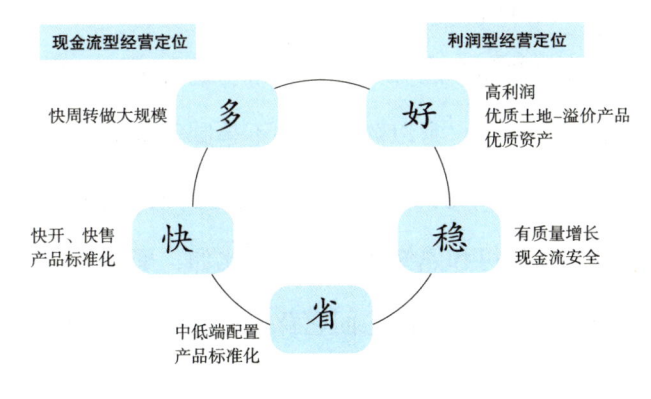

图 3-16 现金流管理的难点

同时现金流管理并非刻板的规定，而是随着不同发展阶段需要灵活调整的。因此，想要提高现金流管理效率，首要提高现金流管理的意识，制定制度和流程，把控现金流的关键环节，自上而下推行管理体系。

首先，要明确目标，让短期长期目标集合，短期运营有保证，长期资金有规划，投融资结合，债务周转与回款相匹配，按需调整，实现现金流的长短规划相宜。

其次，要压缩周转周期，及时回笼的资金是业务保障的基础，高效的资金运作需要在短周期的基础上得到保障，加强应付管理和应收管理，优化内部流程，积极解决压款问题，灵活处理首付款，保障资金第一时间到账。

再次，要建立系统管理体系，事前规划、事中管理、事后分析。现金流管理并不只是财务部的事，更是从决策层、管理层到各执行部门整体联动密切配合的体系。现金流制度确定后，各环节考核标准要与部门管理目标联系在一起，才能从根本上落实好现金流管理，贯穿企业经营始终的现金流能够清晰可控地进行管理，当任何环节现金流出现问题时，公司都可以寻根究底，发现问题进而解决问题。

关键要素六：品牌管理

品牌是消费者对商品和服务的认知，常与购买偏好一起出现，是促成购买的一个重要因素，用户常以购买的是不是牌子货来作为对商品进行区分的界限。品牌是商家实力的一种认可，也是商家认知的一个聚合概念，很多企业对外被市场认可和熟知的是品牌。比如，聚会餐桌上经常出现的六个核桃是我们非常熟悉的品牌，而它背后的公司养元集团就不是大家会去特意关注的内容。

品牌是消费者对商品和服务主观的认知，也是促成消费者购买时形成的偏好选择。品牌管理是在共性中寻找特性的工作，旨在提升客户共同认知，让用户从共性产品中抓取到差异性目标就是品牌在做的工作。品牌让产品深入人心，其中爆款产品更是会引起群体聚集的现象级场景。

品牌一定是概念清晰，定位精准，有独特内容的存在，重点在让用户形成整体认知，形成有别于其他的印象。产品可能被模仿，品牌却不能被替代，在商业市场中存续百年以上的品牌也很多，包装、价格、名称、历史、文化、信誉等都是品牌的构成部分，它们形成的就是品牌效应，如图3-17所示。

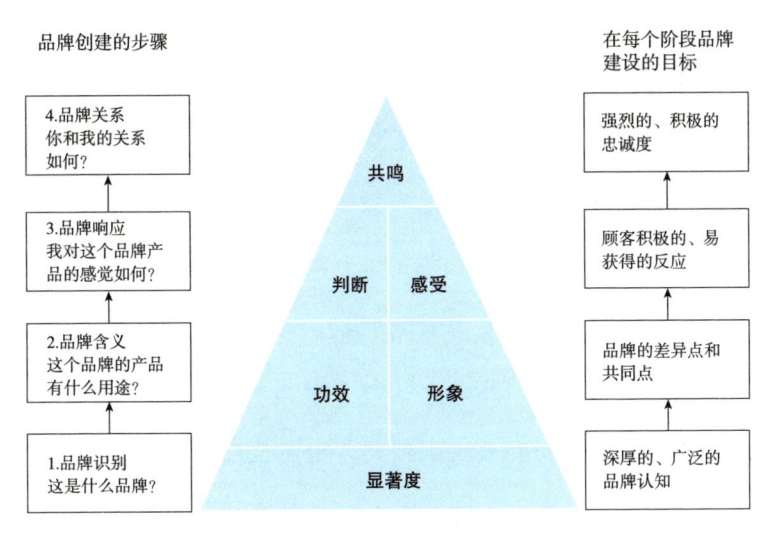

品牌创建的步骤

4.品牌关系
你和我的关系如何？

3.品牌响应
我对这个品牌产品的感觉如何？

2.品牌含义
这个品牌的产品有什么用途？

1.品牌识别
这是什么品牌？

共鸣

判断　感受

功效　形象

显著度

在每个阶段品牌建设的目标

强烈的、积极的忠诚度

顾客积极的、易获得的反应

品牌的差异点和共同点

深厚的、广泛的品牌认知

基于顾客的品牌资产金字塔

图 3-17　品牌效应

品牌对于很多企业来说是一种文化，不仅是对外的名片，也是对内管理的力量。文化有无限凝聚的力量，正是这一特性，品牌是在市场上凝聚消费者的一股力量，是企业在市场博弈中无形的助力。品牌运作更是可以通过商誉在资本市场中发挥不一般的作用，很多情况下是在并购重组中选择并购标的的重要衡量因素。

随着互联网技术发展，信息传播速度进入即时阶段，传统媒介的读者变少，自媒体日益发展，品牌也进入新的发展阶段，从单纯的广告，到与娱乐相结合的软推，与自媒体结合的全面IP式推广，用户也从单纯的消费逐渐转变为品牌的推广者。在消费者需求升级、消费习惯改变、同质化竞争越来越激烈的市场中，企业品牌建设和管理成为这个时代下重要的课题。品牌的建立、差异化经营、品牌运作，都是需要结合市场和用户的变化不断升级的。现如今，品牌日益成为企业竞争力的主要来源。

吉利并购沃尔沃是国人对国产汽车品牌的一次信心提振。彼时，吉利尚是一家只有金刚、自由舰等车型的用户略有认知的汽车制造公司，号称将要迎娶沃尔沃"公主"。吉利的主要业务还是制造低端车型，经营制造时间在十三年左右，还处于提升造车技术的阶段，反观沃尔沃已经历经百年，品牌定位高端市场，年收入就是吉利的十倍左右，面向的也是全球的汽车市场。而这一场门不当户不对的联姻，在金融危机的这一年获得了机会，吉利通过收购沃尔沃，借此一举打开中高端汽车的销售市场，拉升品牌形象，同时拉开了吉利发展从小到大，由大至强的序幕。

在这次收购中，吉利通过27亿美元，完成对沃尔沃的收购和后续运营启动，获得了产品线9个系列，遍布全球的销售网络体系和人才体系，最重要的是获得了沃尔沃的品牌。在获得品牌加持后，吉利从缺乏技术的小工厂转变为拥有自主品牌的汽车厂商，逐步进军高端市场，领克、极氪都在进行探索高端线制作。这次并购是中国企业并购领域的一次复杂操作，配合完成业务的人员达到 400 人以上，也是中国汽车发展中一次具有里程碑意义的事件，典型的以小吃大的并购案例。借助沃尔沃的国际影响力让吉利打开了世界市场，让更多人看到中国企业运作的可能性，也看到了中国企业家的战略格局。

目光回到现在，随着电商的发展，很多品牌如雨后春笋般涌现，并在线上得到迅速发展，其中从小公司到成为上市公司的也比比皆是，非常具有代表性的三只松鼠就是品牌运作的典型代表。

三只松鼠成立于 2012 年，后续选择了在创业板上市。在三只松鼠之前，炒货坚果市场商家分散，无序竞争，有品类无品牌。三只松鼠的成功，因为抓住了以下三个机会。

一是淘宝、天猫和京东这些电商平台的发展。好的平台是企业发展的关键助力，完成在关键电商平台的信誉竞争，销售渠道的扁平化发展。同时，制定线上坚果的定价策略，坚果的售价线上比线下要便宜 20%～40%。三只松鼠的出现，打下了坚果市场的价格。电商平台的竞争规则是，销售额与电商平台的直通车密切相关，三只松鼠是第一个接受电商平台规则的品牌。使用大量的自有资金，购买流量，实现了在电商平台的瞬间爆发。

二是设立三只松鼠的品牌符号，超级品牌一定要有超级符号。经营品牌而不是品类，帮助品牌占领消费者的心智。三只松鼠的客服，以陪聊的身份深入人心。

三是生产模式。三只松鼠外包生产模式，没有工厂，纯做品牌商。B2C 轻资产模式，先市场后工厂的模式，美国的食品市场里面，80% 是休闲零食。中国的食品市场里 80% 是主食。三只松鼠和良品铺子，将美国的食品模式，放在中国来经营。

　　品牌经营是弯道超车的利器，在供小于求的市场阶段，品牌意义不大，只要有商品，根本不缺购买的人；在供求平衡的阶段，商品供求基本一致，也就不存在选择的困难；而在供过于求的现在，连细分领域都供给充足，也就是我们常说的内卷得非常厉害，这个时候品牌就非常关键，甚至会成为成功与否的关键因素，酒香也怕巷子深就是这个原因。互联网让纷繁复杂的信息大量充斥着生活的方方面面，消费者有了更多选择，在用户缺少专业的能力、充足的精力和时间从中细细筛选时，品牌就是从中筛选决策的关键依据。

　　品牌管理是利用企业各项资源，从品牌搭建、品牌运营到品牌价值变现的系统工程，让用户从认知、接受、购买、传播到逐步转化成为品牌的忠实用户，如图3-18所示。

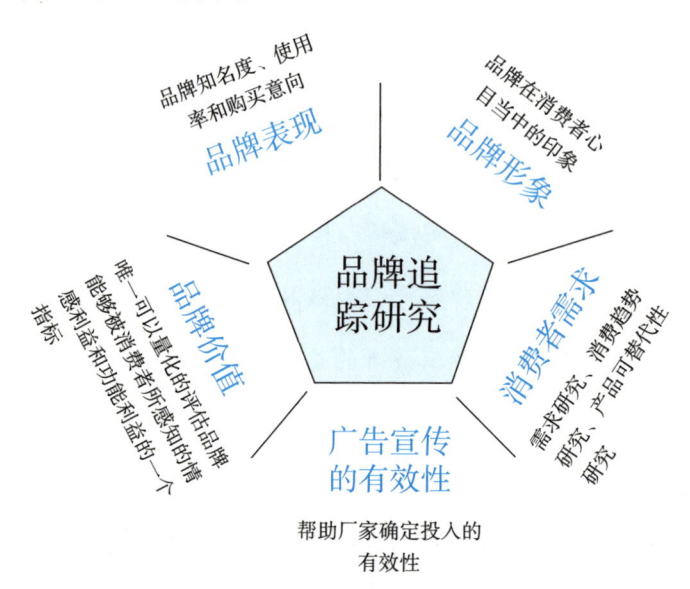

图3-18　品牌管理

品牌管理的主要工作如下。

首先，建立品牌形象，人无信不立，企业无品牌难做大。没有品牌和认知度的企业在市场中随时可能被取代，建立品牌认知是企业在市场立足的关键一步，有品牌才有鲜明的定位，才有市场对企业的认知。而品牌是建立在企业信用基础上，就像1985年海尔集团董事局主席亲手砸碎不合格冰箱的故事，是在质量和口碑建设上的一次标志性事件，自此质量开始深入人心。有缺陷的产品就是废品，提供消费者合格产品就是海尔传达的理念，海尔也形成了有质量有保障的口碑，并占据了长达二十年的头部地位。2004年海尔每年营收1 010亿元以上，是当时美的和格力年营收总和的2倍以上。

其次，品牌是企业文化的凝聚，从可以清晰勾勒的企业自身业务构成、经营理念、管理文化，到承担社会责任、文化载体、与消费者的情感纽带、价值传递等综合形成企业独一无二的品牌精神。

比如，在提到西贝莜面村时，我们第一时间想到的可能就是健康食材，它带给消费者的是对家人健康的关注，带来的是那一份温馨的感受。比如农夫山泉，"我们不生产水，我们只是大自然的搬运工"，来自源头的活水，提到它就想起这样有记忆点的广告语。

作为生命源泉的水，最受关注的就是水源质量的好坏，农夫山泉的八大水源基地也是品牌重点突出的宣传核心，品牌坚持只生产天然水，并在多元化产品发展进程中不断细分产品类目。在基础商品上升级高端款、婴儿款、学生款等，传递企业自己的核心价值观，将生态、文化融入系列产品包装上，这些贯穿产品始终都成为农夫山泉品牌的一部分。

最后，品牌是价值的载体，在品牌管理中核心要解决的问题是完成品牌价值的变现，我们可以看下去年全球品牌百强榜单，前十名分别是：iPhone、亚马逊、微软、谷歌、三星、可口可乐、丰田、奔驰、麦当劳、迪士尼，品牌价值分别从4083亿美元至442亿美元。这就是品牌的力量，也是品牌蕴含的价值。在商业模式中梳理品牌概念也好，管理品牌运作也罢，都是为了价值提升和变现进行准备，而这建立在长效的品牌维护、广泛良好的用户关系上，这些企业都是产品市场的"领袖"，从单纯用产品满足用户的基本需求，到产品承载了用户的情怀和感情。全方位的解决方案和服务支持，并与客户建立长久稳定亲密的关系是品牌的基础，从陌客、初次用户、忠诚用户到终生用户的转化是品牌升级的路径。

品牌有血有肉，是企业与消费者直接碰撞的思维火花，也许是作为历史的播音员，也许是作为厚重文化的传播者，也许是作为民族精神的火炬手，也许是作为情感的寄托者，也许是作为成长的陪跑人，品牌影响着一代又一代人，品牌从出生、兴盛到浴火重生或沉寂落寞都是商业市场上波澜壮阔又充满商业魅力的篇章，品牌是企业历史的缩影，也是创新的载体，不断随着市场偏好推陈出新，做好品牌建设，脚步不停，企业发展不止。

2. 商业模式"自检"

吾日三省吾身，反躬自省，遇到问题先是寻找自身原因，而不是抱怨和推卸责任，才能从每一次问题中不断总结，不断提升。企业也是一样，从不足中自查自省，方能在经营中规避问题，优化商业逻辑，实现企业长久经营。

商业模式各要素是从根源拆解商业逻辑，完成对自身商业体系自检的项目。通过对每一个要素的复盘，明确各项目是否缺失，如何优化，如何联动，从而从基础提升商业模式各环节，让商业模式发挥高效作用，从粗放式发展转变为模式化经营。在自检过程中，企业可以对照自身，以审视的目光逐一核对分析。

商业模式作用的发挥并不是单纯依赖各要素，而是各要素与流程之间形成的合力。一个模式是否可用，也需要通过市场的验证和自我的验证。美国中小企业局最初提出双创概念的时候是为了鼓励商科学生创业，特别提供了商业计划书的指导机制，毕业生的计划书可以请行业专家、金融机构给予指导，这个指导就是从商业模式的行业定位、市场差异性、可复制性等角度进行，如果是模式清晰、已被市场验证，且能形成规模效应的就是成功率更高的商业模式，反之，则会不断指导学生修正商业计划书。

这也是学习路演和撰写商业计划书的意义，逐步掌握商业模式设计的内核，组织完成自有商业模式搭建，建立商业模式自检体系，让商业模式为企业生存发展服务，引导企业从单纯赚取产品收入升级到能够获取模式收益的"资本+商业模式"。

下篇　商业模式模型

第四章　商业模式价值原点

商业模式是企业经营的核心和价值原点，也是企业的创业者战略，创业者必须对商业模式的底层逻辑做深层次的分析和理解，才有可能在未来企业发展的过程中，有能力不断地去发现哪一个维度存在问题，以便及时地去调整和矫正企业的商业模式。

通过从基础逻辑层面打通商业逻辑，使我们企业家得以融会贯通，从刻意用招转变为随心而发、无招胜有招。当我们对底层逻辑有深刻领悟后，就不会局限于表面形式与固有方法。真正在内功心法修炼上达到一定境界，才能实现从有招到无招的跨越，达成无招胜有招的成效。

第一节　决定性关键资源盘点

无论是企业初创，还是二创、三创，我们首先需要盘点成事的基础，即通过盘点我们有多少资源？我们手里有多少牌可以去打？是否有人？是否有钱？是否有支撑企业落地的一系列的资源等，从这些角度我们全面地盘点。

1. 人胜：创始团队没有短板

没有实现不了的商业模式，只有你拉不到的资源。

做事情要先有人。我们有什么样的人，我们需要什么样的人，我们还缺什么样的人，以及我们是否有资金的支持？这个钱是自有的，还是外部的？

这个钱如何来？以及来的过程当中，我们如何去控制风险，控制它的安全度控制资金的成本，以及我们的物，也就是主导我们这件事情成功的核心资源都是些什么？这些资源包含了经营的资源、技术的资源、政府的资源等一系列的资源，我们需要什么或者我们有什么？

其中，首要解决的就是人的问题。而我们的企业家或创业者也常常苦于缺人的问题，直接感知的就是似乎各个行业都缺人，各个企业都缺人。

创业团队需要具备的特质，如图4-1所示。

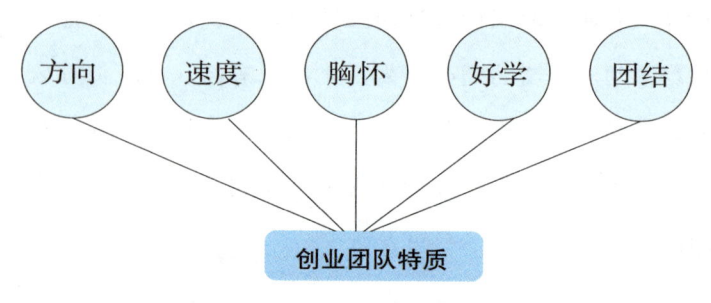

图4-1 创业团队特质

一个好的创始团队的组建原则——415原则：核心创始团队为最好不超过4个人的组合；创始团队务必有1个核心控制人；控制人的股权或者表决权不要低于50%。

那么，如何选择联合创始人？如表4-1所示。

表4-1 联合创始人选择宜忌

宜	忌
阶段匹配，能一起把公司带到N+1或更远	初创时切忌盲目倾慕高段位的联创，容易彼此预期不匹配
能力互补，初创阶段能够协助实现0~1的阶段能力，资源等可以互补	能力比较重合，短板无人可补

续表

宜	忌
性格相容，即大家在一起能聊得来，看对眼	性格不相合，容易互相看不对眼
具备快速学习的能力，以及"做菜谱"的能力	联创需要跟公司业务共同成长，最好"all in"
认可使命愿景价值观	职业经理人心态或投资心态
最好是认识很久的熟人，最好有过一起共事的经历	交浅言深，势必不久

（1）企业人才流动是常态

中小企业人才流动是常态，我们的一些大厂、大企业，你会发现等它成功了以后，它的人才甚至是核心队伍也会发生颠覆性的变化。所以，在做企业的过程当中，我们不惧怕人才的流动，怕的是人才流动以后，没有办法重新构建和升级我们的人才体系，所以人才流动才是一个常态，不流动才是不正常的。

我们做企业，到底需要什么样的团队？需要什么样的人？是技术型、渠道型、资源型、管理型，还是资本型？

比如，滴滴在创业之初，需要技术型的人才。滴滴是一个软件平台，那么这个软件的研发，它的技术背后的支撑力量是什么？一个平台，你看到的和他背后要花的这种技术的代价有多大？我们可能没有这个方面经验和资源的人，你可能也理解不了。所以我们做一件事情，人员是否匹配就非常的关键。

（2）企业家的影响力，决定了企业的凝聚力

企业的创始人或"一把手"，无论是什么性格特质，比如外向型或者内敛型？激情都是不可或缺的，而这种激情又是极具感染力的。

要想凝聚人才，你就要有成就他人的这种心态，人的需求是分层次的，不同的层次，你如何去满足它，如何去统一它？如何进行思想上，战略上的高度一统，那么所以就会进入第三个管理的顶级，叫作价值观或者是利益观的管理。

春秋时代的大政治家管仲说："利出一孔者，其国无敌；出二孔者，其兵半屈；出三孔者，不可以举兵；出四孔者，其国必亡。"对力生利的关键说得直白清晰。

这个思想一直影响至今，华为任正非也引用道，力出一孔，方能利出一孔，同样的利出一孔，就能力出一孔，下一个倒下的，就不会是华为。那么这句话什么意思？

华为15万人的利益设计都在一个点上，就是如何能够让华为成为一个世界型的公司，让它的组织、让它的团队利益上相关。每个员工和员工的领导、员工的领导和公司、公司和每个基层的员工，形成一个完美的闭环，让每一个人都能够愿意去为这个公司付出，因为这个公司与每一个人的利益都是连带的，每个人才会得到相应的回报。

正是在利益方向一致下，企业能够聚拢资源，专注能力圈，选择优势圈，把企业的筹码和资源集中在未来优势和有利可图的机会上。

2. 财胜：既要自己烧钱又需通过外部融资

企业经营除了需要人，还需要资金，不同的企业都绕不过资金的问题。除自有资金外，最简单的融资方式是销售、股权型、债券型等方式。产品让我们有现金流，让企业可以生存下来。

股权融资，我们也分融资前、融资中和融资后，那么如果你作为公司一把手，在融资前你需要想什么呢？到底要不要稀释股权或者释放股权？什么阶段去融资？

股权融资必经的十三个步骤，如图4-2所示。

融资前
- 第一步：融资前先和内部的股东做好整体计划
- 第二步：融资前做好资本路径
- 第三步：是否要留出股权激励的池子给核心团队

融资中
- 第四步：开始制作BP（商业计划书）并准备Data Pack（数据包）
- 第五步：多次模拟路演
- 第六步：融资开始先将BP推荐给合适的投资人
- 第七步：签署NDA（Non Disclosure Agreement 保密协议）
- 第八步：初步尽调
- 第九步：接到投资机构给出的投资意向书TS（Term Sheet），并接受尽职调查DD（Due Diligence）
- 第十步：机构内部过投决会给出SPA（股权认购协议）
- 第十一步：机构打款收工

融资后
- 第十二步：下一轮融资的初步计划
- 第十三步：拿到钱以后一定要做PR（Public Relations）

图4-2 股权融资必经的十三个步骤

股权融资的优缺点有哪些？如表4-2所示。

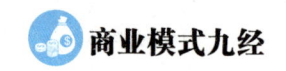

表 4-2　股权融资的优缺点

优点	缺点
企业财务风险较小，股权资本不用在企业正常运营期内偿还，不存在还本付息的财务风险	容易分散企业的控制权
股权融资是企业良好的信誉基础，股权资本作为企业最基本的资本，代表了公司的资本实力，是企业与其他单位组织开展经营业务，进行业务活动的信誉基础	资本成本负担较重，尽管股权资本的资本成本负担比较灵活，但一般而言，股权融资的资本成本要高于债权融资
股权融资是企业稳定的资本基础，股权资本没有固定的到期日，无须偿还，是企业的永久性资本，除非企业清算时才有可能予以偿还。这对于保障企业对资本的最低需求，促进企业长期持续稳定经营具有重要意义	信息沟通与披露成本较大投资者或股东作为企业的所有者，有了解企业经营业务、财务状况、经营成果等的权利。企业需要通过各种渠道和方式加强与投资者的关系管理，保障投资者的权益

创业者更多会接触到政策融资。比如，认定为高新技术企业必须同时满足以下条件。

①企业申请认定时必须注册成立一年以上。

②企业通过自主研发、受让、受赠、并购等方式，获得对其主要产品（服务）在技术上发挥核心支持作用的知识产权的所有权。

③对企业主要产品（服务）发挥核心支持作用的技术属于《国家重点支持的高新技术领域》规定的范围。

④企业从事研发和相关技术创新活动的科技人员占企业当年职工总数的比例不低于10%。

⑤企业近三个会计年度（实际经营期不满三年的按实际经营时间计算，下同）的研究开发费用总额占同期销售收入总额的比例符合如下要求：最近一年销售收入小于5000万元（含）的企业，比例不低于5%；最近一年销售收入在5000万元至2亿元（含）的企业，比例不低于4%；最近一年销售收入在2亿元以上的企业，比例不低于3%。其中，企业在中国境内发生的研究开发费用总额占全部研究开发费用总额的比例不低于60%。

⑥近一年高新技术产品（服务）收入占企业同期总收入的比例不低于60%。

⑦企业创新能力评价应达到相应要求。

⑧企业申请认定前一年内未发生重大安全、重大质量事故或严重环境违法行为。

企业的发展模式选择哪种方式决定了决策的方向。

要靠融资来推动你的企业发展，而不是靠自由资金和你的业务不断地蝶变来发展。你一旦做出融资的决定，你就要把握好节点。融资本身是有周期的，融资本身是要对你企业的价值进行估量的融资，价值估量跟你的现金流的情况是有关系的。你融资前，设计好你的节奏，你的资金链到底在什么状态下去融资。

案例：汽车延保服务公司

我的学员中有一家做汽车延保服务的公司，在整个企业经营的现金流非常健康的时候，没有布局融资计划，在市场状态走向低谷，企业经营承压的时候，因为资金压力，需要一周时间融资1 000万元，为此甚至愿意出让 50% 的股权。

而这些问题早在调研之初，我就对企业的发展问题提出了风险点，一定要基于企业的发展路径提前布局和思考融资计划，在现金流或者资产遇到了重大危机，急需资金的时候，时间往往是不会给机会的。企业要想融资，一定要提前做好融资的规划。在你现金流的时候，而且现金流很好的时候，你就要做出融资的规划。

融资方式有多种，每一种都有其特殊的环节和关键点。

比如，我们在签融资协议的时候，我们对这些回购条款等都需要重视，以及了我们股权融资也会代表了我们企业信誉的一个基础。有人愿意给你投钱，说明你的企业是有发展空间和前景的。

对外融资的企业，是要有一定信用基础的，是被资本市场认可和认同的。虽然股权融资无须偿还，但是对我们长期持续稳定经营有很重要的意义。我们在融资前需要去了解它的优点和缺点，做好股权的保护。

用户融资也就是让企业的用户、客户出钱。

是众筹融资也好，还是用户融资也好，说白了最本质的就是预收款，把客户的钱提前拿到自己的腰包，放在自己的口袋里面。那么预收款的这种模式，即用户融资的模式是一个非常好的融资模式，因为它的成本极低，而且资金的使用去向也会有更强的自主权。

3. 务胜：企业不同阶段核心驱动力不同

企业在不同的发展阶段，需要的资源也不一样，所需要什么的能力也至关重要。商业的本质是信息的交换，而信息化的载体媒介随着技术的进步，也让需要掌握的资源发生了深刻的变化。

企业发展的不同阶段，核心的驱动力也不同，那么，我们的企业在什么样的发展阶段？如图 4-3 所示。

电视媒体普及千家万户，谁抢占了电视媒体的窗口，谁就抢占了生意的高地，占了这个时代的标签就是标王，一直到 20 世纪 90 年代，核心就是抢占了信息渠道。而到 2000 年以后，互联网崛起，生意模式又发生变化了，企业需要抢占的资源也发生了变化。百度、谷歌、淘宝的崛起，改变过去中小企业生产出来再好的产品和服务，都没有途径去传播。因为成本太高，无论是过去的报纸还是电视媒体，它的资源出口量有限，它不能够垂直去细分，所以这种传播途径决定了成本居高不下。

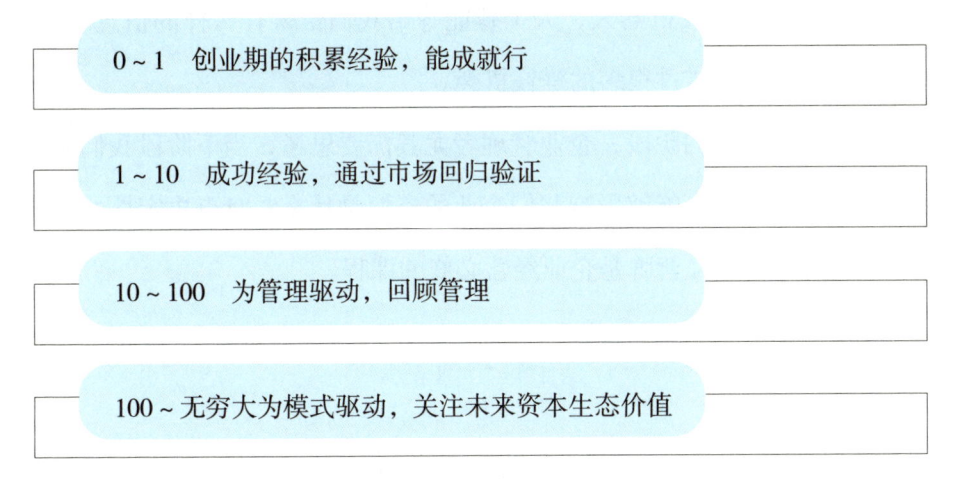

- 0～1　创业期的积累经验，能成就行
- 1～10　成功经验，通过市场回归验证
- 10～100　为管理驱动，回顾管理
- 100～无穷大为模式驱动，关注未来资本生态价值

图 4-3　成功的经验累积

中小微型企业都很难在这个当口去分到一杯羹。自 2000 年以来的十年中，谁抓住了流量的入口，谁就抓住了赚钱的这个机会。到 2010 年以后，移动互联网崛起了以后，社交媒体从微博、微信等社交媒体开始崛起了，就更加细分了。这种传播途径让每一个人都有能力去获得这些信息，或者快速地对外发布信息。所以这个阶段是抢占了流量窗口，就能赚

到钱。

那么最近这三年，短视频的崛起更加细化和细分了传播信息的渠道，让我们人人都可以成为信息发布者，人人都可以成为信息获得者。而且这种信息发布和信息获得的成本极低，低到我们每一个人都能够用最低的成本去获得这些信息的途径。

赚钱的逻辑和赚钱的模式在不断地发生变化，当整个阶段发生变化的时候，我们所需要的资源和对我们企业的管理模式、商业模式都要随着我们这种社会信息变化而变化。

商业的本质就是信息差，你如果不能够理解信息的载体这个工具的变化，包括未来的聊天机器人、人工智能等给我们带来什么样的信息载体。在未来你就可能要错过很多的赚钱机会。

所以，在不同的阶段，企业管理者尤其需要思考，当下阶段我们需要的资源到底是什么？能够影响我们企业的资源是什么？盘点决定性的关键资源，打好手中的经营牌是企业经营必修的课程。

第二节　精准客户画像 & 创造性价值主张

基于客户画像，可以制定更具针对性的销售策略和服务方案，如根据客户的需求偏好推荐相应产品、根据客户的购买能力制定定价策略等。同时，可以针对不同客户画像建立不同的销售模型和销售渠道，提高销售转化率和客户满意度。

1. 客户画像：满足人性的需求

寻找哪些客户，又称为客户画像。这个画像就是客户的特质，我们产品卖给谁，就要把产品设计成他们喜欢的样子，要把广告和文案做成符合他们的口吻，满足人性需要。比如，有些儿童产品摆在货架上，一眼就能看出那是玩具，连3岁孩子都能看出来，这就是客户画像的逻辑。

三个问题问完，你会发现这其实是一个循环。我未来要成为谁？我要做什么产品？我要把这个产品卖给谁？卖给哪些人，产品就设计成他们喜欢的样子。要服务哪类人，自己的定位或人设就变成他们喜欢的样子，不然你凭什么卖产品给他们？你卖汽车，就要给客户画像，他们有什么特性，有什么喜好，不然你如何卖车给他们？现在的汽车竞争这么激烈，你对客户了解越清晰，越容易卖出汽车。

我们的知识产品销售也是这个逻辑。

例如，你做了一个"7岁小神童"的课程，就要深刻了解家庭中有7岁以下孩子的宝妈，注意是7岁以下，不是7岁以上。你的专栏内容都要向这些客户靠拢，你的语气也要向这个人群靠拢。你还想着，家有7岁以下的小孩，家里应该怎么布置，只有你把这些特性都挖掘出来，你的专栏才会畅销，这就是原创专栏的核心。这就是很多人想抄袭，却总是抄不到对方灵魂的地方，就是模仿不了对方的心境。

作家海明威的著作《老人与海》非常经典，文笔也简单，但为什么别人模仿不了。因为作者本人真的在海中与鲨鱼搏斗过，别人没有这段经历抄袭不来，你怎么描述，这里的心境怎么抄过来呢？话题转回来，要教宝妈教育7岁以下的孩子，你就要精确了解7岁以下孩子的宝妈，了解她们的心情，了解这个人群上班情况，这个阶段的宝妈极大可能是企业中高层。了解这个人群的家庭特质，是上有老、下有小阶段，她们白天要上班，晚上回家可能还要给家人做饭,是不是很辛苦的阶段?这些统统要了解清楚,然后帮助她们出谋划策,帮助她们排忧解难。

其实,定位并不难,只需要把三个问题问清楚,人设就找到了。做事之前,先找找定。找到定位,事半功倍;找错定位,努力白费。

下面,我们来看两个公司的客户画像工具。

第一,月嫂公司客户画像工具,如图4-4所示。

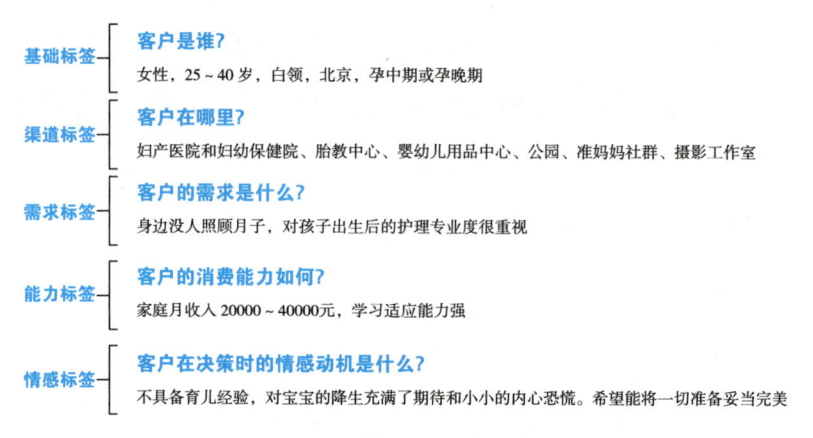

基础标签——**客户是谁?**
女性、25~40岁、白领、北京、孕中期或孕晚期

渠道标签——**客户在哪里?**
妇产医院和妇幼保健院、胎教中心、婴幼儿用品中心、公园、准妈妈社群、摄影工作室

需求标签——**客户的需求是什么?**
身边没人照顾月子,对孩子出生后的护理专业度很重视

能力标签——**客户的消费能力如何?**
家庭月收入20000~40000元,学习适应能力强

情感标签——**客户在决策时的情感动机是什么?**
不具备育儿经验,对宝宝的降生充满了期待和小小的内心恐慌。希望能将一切准备妥当完美

图4-4 月嫂公司客户画像工具

第二,轻食沙拉产品客户画像工具,如图4-5所示。

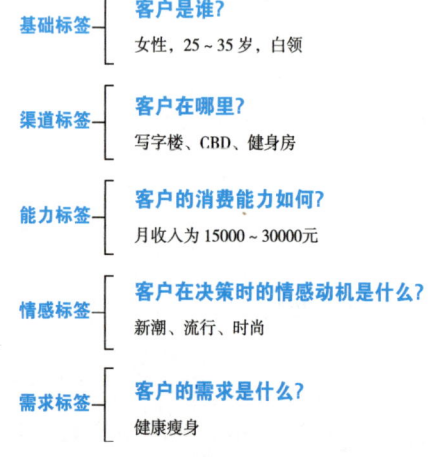

基础标签——**客户是谁?**
女性、25~35岁、白领

渠道标签——**客户在哪里?**
写字楼、CBD、健身房

能力标签——**客户的消费能力如何?**
月收入为15000~30000元

情感标签——**客户在决策时的情感动机是什么?**
新潮、流行、时尚

需求标签——**客户的需求是什么?**
健康瘦身

图4-5 轻食沙拉产品客户画像工具

抖音有一个算法，叫协同算法，也叫比较算法，拿你和另一个人来比较。怎么比较呢？通过客户画像来比。比如，算法定义一个20岁的男性，大体可以判定他喜好的内容，喜欢打游戏、喜欢看漫画、喜欢看美少女、喜欢宠物；不喜欢看做饭、不喜欢看职场、不喜欢看知识讲座，然后通过协同算法，把同类人群放在一起，推荐给你符合画像的内容。

那么，有些小帅哥说，我正好相反，20岁的内容都不喜欢，我喜欢成熟的。没关系，大数据能做大量客户的画像，也能做少量客户的画像。

举一个例子，我们做销售时，也会给客户画像。不同的广告内容，针对不同的客户画像。在不同的办公楼里上班，你看的电梯广告是不一样的。你家小区的电梯广告，与公司大楼里的电梯广告也不一样，这就是协同算法。

有的楼栋的电梯广告会推荐一些鸡蛋的广告，有的楼栋会推荐一些汽车，尤其是豪车的广告。而你到底是喜欢便宜的鸡蛋，还是喜欢昂贵的汽车，商家都清清楚楚。所谓会买的不如会卖的，因为卖家懂得协同算法。

2. 价值主张：构建以人为本的商业模式

有人认为，将产品或服务趋同的现象称为"商品化"，"商品化"意味着标准化的产品和服务，抹杀了个性，无法给消费者提供独特的感受。当今，大众化的标准产品或服务已经日渐失势，消费者对个性化产品和服务的需求越来越强烈。

非主流、个性化、独一无二是消费者新的诉求方向，个性消费最初是温饱满足后的有钱、有时间阶层的一种消费，如今，个性化消费面在逐渐扩大。

个性化消费，既是一种经济现象，也是一种文化现象。"我不需要跟别人雷同的产品",成为个性化消费的宣言,所以这就需要厂商建立以人为本的商业模式,精准客户画像,以创造和满足客户的价值主张。

例如,"我很少去商场买衣服,因为我无法容忍'撞衫'和个性复制的尴尬。"时装设计师谭小波说,他开了一家个性时装设计店,很受顾客欢迎,"在我这里定制一套服装价格不菲,从设计到制作的费用,一定是比商场贵,而常来光顾的顾客却成了忠诚的'粉丝',他们更强调服饰的文化韵味和个性的积累。"

未来学家阿尔文·托夫勒在《第三次浪潮》一书中写道:"不会再有大规模生产,不会再有大众消费、不会再有大众娱乐,取而代之的将是具体到每个人的个性化生产、创造和消费。"

代表个性化的小众正在苏醒,他们不经意的消费转向,足以改变传统零售业经营者和从业者的商业思维。通过精准客户画像,商家可有效识别消费者的个性化需求,进而展开精准营销。

自媒体人罗振宇在"时间的朋友"跨年演讲中,举了一个不良商家使用大数据对消费者进行精准营销的例子:"假设是一个无良商家,拿到了阿里的数据,他会怎么做?如果他判断你经常购买品牌产品,好!给你发正品货;如果他通过数据发现,你经常购买低价产品,说明你没什么钱也没什么见识,给你发高仿品;如果发现你的退货率低,说明你这个人好说话,大大咧咧,对不起,给你发次品;如果他通过地址数据发现,你的收货地址附近多少公里内都没有这个品牌的专卖店,对不起,给你发假货。这就是数据的相反的用法,恶人的用法。"

精准客户画像如果落到不良商家手里,后果是难以想象的,这也从反面验证了零售商可以依据客户画像做好精准营销。

如上海家化同阿里巴巴展开紧密合作，双方将共同建立大数据日化产品研发实验室，上海家化将借助阿里的大数据解决方案来挖掘消费者偏好，为客户画像，进行产品研发、生产、销售和售后服务，进行产品供应链的优化和升级。

当商家能够做到为客户准确画像后，下一步就是用来指导实际的营销工作，操作要点包括以下几点，如图4-6所示。

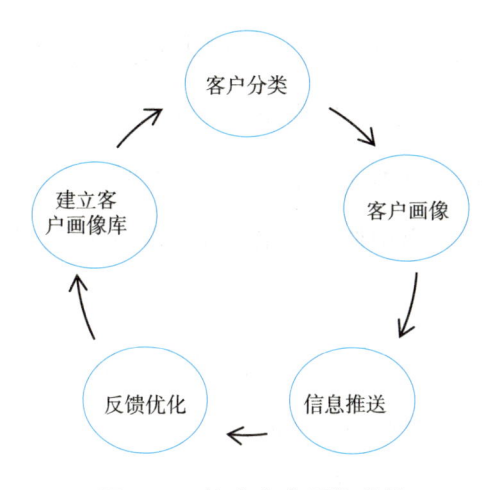

图4-6 精准客户画像营销

第一，客户分类。分析样本客户属性，从中找出忠实客户、核心客户、目标客户与潜在客户。

第二，客户画像。借助企业或第三方数据管理平台进行客户行为数据收集，分析数据并为客户画像，并与不同类型的客户进行匹配。基于体现外部数据的客户画像体系，如图4-7所示。

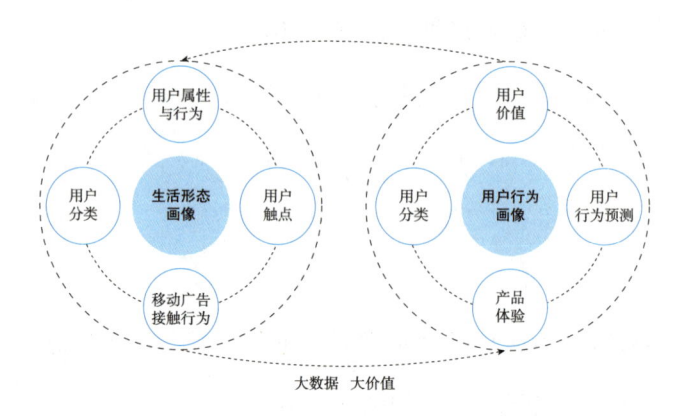

图 4-7　基于体现外部数据的客户画像体系

第三，信息推送。为不同类型、不同画像的客户匹配不同的需求信息，分别推送精准的营销广告信息和服务信息。

第四，反馈优化。营销信息推送后，要及时收集、分析关于营销效果的反馈信息，并及时做出调整、优化，修正营销偏差，使营销工作更加精准、高效。

第五，建立客户画像库。基于大数据分析的客户画像库，要不断丰富、升级、完善，这是企业的宝贵资源。

我们来看一个聚焦于客户类型的案例。

2005年，顺丰的营业额是16亿元，基本和申通持平，当时，业内有"南顺丰，东申通，北宅急送"的说法。2010年，顺丰营业额120亿元，申通营业额60多亿元，宅急送营业额20多亿元。

精准定位：与四大国际快递重叠的高端不做，五六元的同城低端也不做，剩下的中端商务客户被锁定为唯一目标。尤以商业信函和小件业务为主。

摩托罗拉等一些大型跨国企业曾找到顺丰，希望其参与物流项目的投标，但顺丰考虑再三之后没有参与。

3. 客户推广：利用大数据红利

中国人口众多，吃穿住用行都是刚需，那么餐饮市场需求自然很大。随着互联网的发展，传统餐饮模式也受到了很大冲击。为了迎合消费者需求，顺应时代发展，在互联网思维的影响下，很多创业者开始借助大数据开店，大数据可以为我们提供精准的餐饮店数量、分布，在线订单数量，当地商业地产价格，水电煤气等价格。

我们来看一家米线店如何利用大数据红利？

我们暂且叫他米线哥。他用了不到一年的时间，就颠覆了传统餐饮人的认知。米线哥26岁就出任创维多媒体中心总经理，他的成功在于对数据的敏感程度。

2015年年初，他在堂食之外杀入外卖领域，入驻美团、饿了么等平台，不到三个月的时间，在深圳各大商圈的外卖排行榜上已经跃居前三甲。

他是怎么做到的？

很简单，互联网外卖平台最有价值的就是：销售数据的公开性。

有了大数据的支撑，兵力部署就会有的放矢。

哪个商圈人气最旺？

哪些品类销售最火？

哪个客单区间最热？

等等，这些数据在外卖平台一目了然，这些为做好兵力部署、品类筛选、价格设计提供了科学高效的决策依据。

正如米线哥所说："在平台生存，就要研究平台的游戏规则，而游戏规则的最直观呈现就是数据。"

在了解消费者群体，进行老顾客分析和新顾客数据挖掘上面，都离不开大数据的分析。大数据在各行各业的应用越来越广泛，价值也越来越大。未来利用大数据发展产业，成为不可阻挡的趋势。

在不被客户察觉的情况下，快速高效合法地搜集客户数据，基于这些客户数据构建清晰的客户画像，并自动化及智能化地为销售人员的营销推广提供有效支撑，帮助管理层进行科学高效决策，从而个人创造客户价值。

未来，当我们入住一家高档酒店时，衣柜内不再仅是简单地提供一件标准化的睡衣，而是酒店根据搜集到的数据分析出我们的个性化需求，从而为我们提供符合我们需求的各种类型的服装，通过扫描二维码后我们可以了解更多的产品信息并在线支付，这在很大程度上解决了许多经常出差的客户需要携带大量衣服的痛点。

当然，我们稍微发挥一下想象力，就能发现酒店内的大量闲置空间都可以被各种各样的产品所利用，酒店将变成一个提供各类产品及服务的超级大卖场。

第三节　颠覆性降低成本

我们在管理的过程中，怎么去关注成本？虽然我们都了解管理成本、交易成本等，但是很少从商业模式的视角下来看我们企业的成本。那么我们来看该怎么理解"成本"这两字？

1. 把控利润的关键

把控利润的关键，在于降本增效。企业成本分类，如图4-8所示。

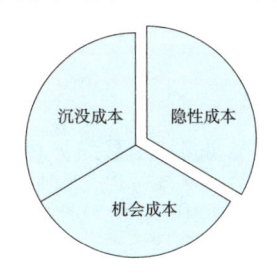

图4-8 成本分类

第一，隐性成本。企业往往只看到了引进的时候给我们带来的收益，但并没有关注到做这件事情对我们企业成本造成的影响，这就是所谓的隐性成本。

比如，A380刚进入中国的时候，它是一架特别大的飞机，有双层。而飞机越大，对机场的要求就越高。如果国内的机场想引进这样一款大型飞机，那么对机场的基建要求就会更高。但是在那个时代，中国绝大多数的机场都没有办法满足A380的降落条件。

由于巨大的体型和前所未有的高度，A380的一切配套设施都需要特别订制，不仅需要高标准的跑道和滑行道，还需要专门的双层廊桥、双层配餐车、登机车，如果冬季运行还必须配备专门的除冰车。

由于客舱设施布局都与其他飞机明显不同，且载客量大，为接待A380，无论是客舱清洁、行李装卸人员，还是值机柜台、登机口的服务人员都要进行专业培训。

由于机型巨大，A380产生的尾流对其相同航路上运行的后续飞机影响也较大，机场必须保证足够的起降时间来减小这种影响。

在内地，A380只能在北京、上海和广州降落，目前还需几个备用机场以解决天气等特殊情况下降落的难题。

但这些机场的改造则需要投入大量成本，如天津滨海国际机场的扩建工程费用达十数亿元。

引进这款飞机，也就意味着我们要去扩建机场的跑道，扩建机场的各种基础设施。所以，在引进A380同时本身就是一个成本。但是你要给它配套基建，又是另外一个成本，那么这样的一个成本，实际上就是在我们企业经营过程当中的一些隐形成本。

第二，机会成本。机会成本并不是隐性成本，隐性成本只是机会成本的一个方面而已，两者不能等同。机会成本指的是生产者因为一定的生产用途，放弃选择同样生产原料投入其他高收入生产的机会，就是企业在这种生产用途上必然投入的成本。隐性成本指的是企业本身就有的，而且被用作于企业自身生产中所需的生产要素的成本。

你投资新的企业，就会对你原有的企业的经营有一些时间、精力上的耽误。同样，你去经营这家企业，你所投资的这些钱，是否可以去干别的一些事情，是否会对你有更大的收益？就是这样的一个差别，或者落差，可能就是你的机会成本。也就是说，你干这件事情和不干这件事情给你带来的收益，它可能会成为你的机会成本。

第三，沉没成本。相比机会成本来说，更常见的另一种成本是沉没成本，它是指以往发生的，但与当前决策无关的成本，是已经覆水难收的成本。沉没成本之所以更加普遍存在，因为它是显性成本，容易被察觉；而机会成本则是隐性成本，不容易被察觉。

你可能投资厂房、设备，一旦投资失败，这些都将会成为你的沉没成本，因为这些东西在这家企业存活的过程当中，它可能是有价值的。而当这家企业最后面临经营困难，甚至是没有办法存活了以后，那么你之前投入的成本，都会成为你的沉没成本。

了解了以上三种成本，我们再来看如何去降低成本，而且是如何革命性地、颠覆性地去降低成本。

2. 颠覆性降低成本的方法

我们可以用以下这几种方法，如图4-9所示。

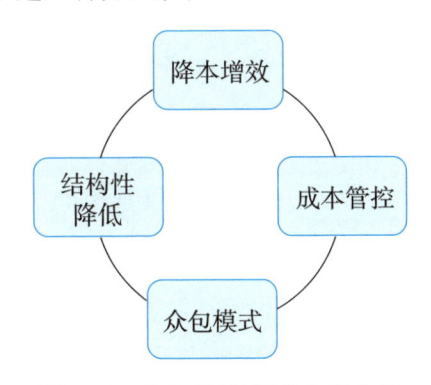

图 4-9 颠覆性降低成本的方法

第一，增效降本。增加生产的周转率、资金的周转率，同样的固定投入，周转率增加了，收益也就增加了。相对地，这种摊销的成本就降低了。所以，通过管理，提高生产、提高销售、提高服务的效率来增效降本。那么我们思考一下，企业里面有没有这种空间去通过提高效率，从而降低这种摊销、折旧等这样一些降低成本的机会。

第二，压缩成本。找到一些你的客户可能并不那么在意的成本，或者是你的客户并不那么在意的服务，你去把它们直接革命性地消灭。

比方，连锁酒店如家，客户是一些商务人士，它把大堂、早餐等这些

125

附属的配套设施全部砍掉，全部转化为生产，转化为它的客房，成本就大幅地降低。

第三，众包模式。让你的客户参与你的生产。客户帮你一起来生产，在这个过程当中，将你的成本转嫁到客户的身上，让用户参与你的生产自我支出。

比如，抖音短视频平台，吸引客户的产品不就是这些短视频吗？但是这些视频从来抖音自己不生产，而是让它的客户去生产，而它的产品是来自客户，而且客户愿意为此花更高的代价去替它生产视频。

又如，某创业团队研发了一款高效水稻品种，口感好、产量高、营养成分多。常规运营方法是把水稻种源供应给育种农场，然后由育种农场供应给种植户。这样的话，这个企业只是一个种源供应商，市场空间不够大，收益不够多。

如果能沿着产业链往前延伸到育种环节，市场空间更大，收益也更高。但是这样做需要去租赁或者收购育种企业，建立渠道进行营销，这又需要大量资金和雇用经营管理人员。创业团队没有足够的资产抵押，很难贷款。你也许会建议可以找风险投资商，但是创业企业当前还没有实现销售，估值会很低。那么有没有别的办法？

按照商业模式的交易思维，可以把种源提供给育种农场，育种完成后，再用超过常规育种产品的价格收购回来，这样用溢价的方式，虽然增加了产品收购成本，但不用去租赁或者收购育种企业，大大降低了投资成本。

利用外包或删掉成本的案例还有很多。

一提到全聚德，人们首先想到全聚德烤鸭。其实它不是烤鸭，而是一个饭店的名称。因为烤鸭做得特别出名，以至于绝大多数人的都认为全聚德等于烤鸭。

全聚德管理层认为，除烤鸭以外，每道菜都要做得特别好。

如果到饭店吃饭，何必非要去全聚德呢？但是顾客就是要吃烤鸭，所以全聚德就变成了一个普通的饭店，因为它也需要承担房租、装修、人工成本、食材成本等。

如果去掉这些成本，完完全全可以外包出去。全国几千个县城。每一个县城如果找两家加盟全聚德，专门做烤鸭，完全可以借助全聚德这个招牌，帮当地的饭店引流，没必要跑到北京，因为在当地都可以吃到正宗全聚德烤鸭。

所以全聚德就只需要做好几件事情，如品牌授权、培训合格的正宗烤鸭师等。

众包带来另一种形式的合作：公司和客户之间的合作。正如趋势学家托夫勒所说："人们并不想消极消费，他们更愿意参与对自己有意义的产品创造和开发。"

对众包作出贡献的人，大多数分文不取。因为回报是多方面的，超越了单一的金钱，有的人希望创造出让更多人受益的东西；有的人是为了体现一展所长带来的快乐；有的人是对这种方式感到有趣；有的人是为了在这个过程中结识朋友、进行更深入的交流。

第四，结构性降低。改变组织的形态，让我们过去企业的产品成本变成一个个小个体的成本。比如，近年来很火爆的阿米巴模式，它对管理组织结构进行调整，让大量的员工团队化整为零，让这些人成为创业者，能够帮你摊销你企业的经营成本，而且还能够提高生产效率。

例如，宝洁公司每年的研发经费数十亿美元。宝洁花了这么多钱搞研发，积累了很多发明专利，然而这些专利只有10%用在宝洁的产品上。后来宝洁新CEO上任，大刀阔斧整顿研发部门，提出了新的开放式创新模式。

也就是要借用外部的研发资源能力，采取外包降本模式。新CEO搞了一个创意集思研发网站，宝洁在这个研发网上发布问题需求信息，全球相关研发机构和人员都可以提交方案，八周内得到回复，如果确认评审通过，宝洁就出钱购买这项技术。

这等于宝洁只出钱，购买确定有用的成果，并不承担没有中标产品的研发过程成本。这样做以后，宝洁的研发投入占销售额的比例从3.1%下降至2.6%。这个创意网站还出售宝洁的专利，从中也获得不少收益。

又如，百果园平台+合伙人模式如图4-10所示。

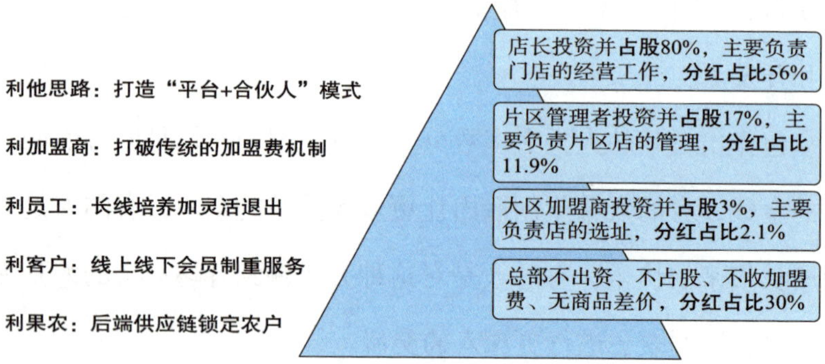

利他思路：打造"平台+合伙人"模式
利加盟商：打破传统的加盟费机制
利员工：长线培养加灵活退出
利客户：线上线下会员制重服务
利果农：后端供应链锁定农户

店长投资并占股80%，主要负责门店的经营工作，分红占比56%

片区管理者投资并占股17%，主要负责片区店的管理，分红占比11.9%

大区加盟商投资并占股3%，主要负责店的选址，分红占比2.1%

总部不出资、不占股、不收加盟费、无商品差价，分红占比30%

图4-10 百果园平台+合伙人模式

第五章　商业模式价值实现

> 对于今天的市场来说，产品是最不缺的，甚至过剩。但对人口数量庞大的国内市场来说，并不是有产品就能卖出去的，而商业模式的价值实现，在运营方面决定着企业能否提升业绩、倍增收入，也决定着企业的兴旺；能否长久地发展，是否有长远的眼光和对市场的精确定位，以及企业对市场的应对方式，从而实现企业价值最大化。

第一节　持久性盈利模式设计

任何一个商业，如果不以赚钱为目的的话，我的钱从哪来？我如何持续地赚钱呢？

1. 盈利产品：前端、后端

当今大大小小的企业，普篇存在产能过剩问题，在同质化竞争加剧的背景下，各行各业都进入了"0利润"时代。如果我们还靠传统的经营思维，卖货赚差价，在未来10年，必然没有立足之地。

那么"0利润"时代，如何设计持久盈利模式让企业生存呢？必须学会前端引流、后端盈利，靠生态化赚钱。具体操作可以借鉴以下4种模式，如图5-1所示。

第一，以软件为入口，前端引流后端盈利。

自上线以来，抖音凭借其独特的算法推荐机制、丰富的内容生态以及极高的用户参与度，迅速成为全球最受欢迎的短视频社交平台之一。抖音的成功，首先在于其卓越的前端引流能力。平台通过算法个性化推荐，让每个用户都能在短时间内找到自己感兴趣的内容，从而迅速沉浸其中。无论是搞笑段子、才艺展示、生活分享还是知识科普，抖音上的内容包罗万象，满足了不同年龄、性别、兴趣用户的多样化需求。这种高度个性化的内容推送机制，使得抖音能够快速吸引并留住海量用户，形成庞大的用户基础。在成功吸引并留住用户后，抖音开始在后端挖掘盈利潜力。其主要的盈利方式包括广告变现、电商带货、直播打赏以及虚拟商品销售等。

第一，前端引流后端盈利，以软件为入口

第二，前端引流后端盈利，靠硬件作为入口

第三，前端引流后端盈利，用产品作为入口

第四，前端引流后端盈利，靠服务作为入口

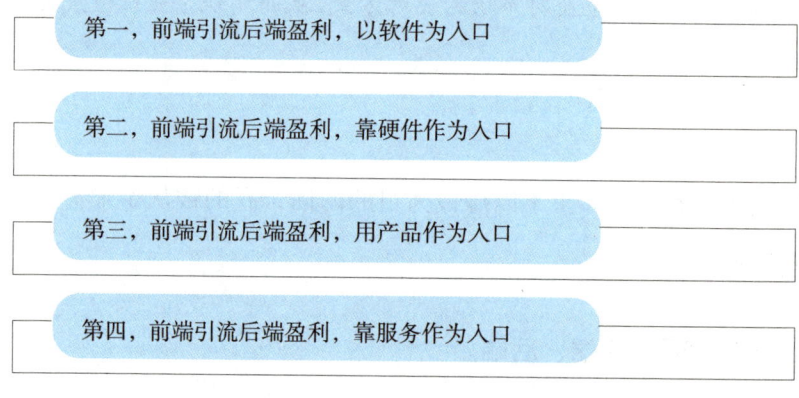

图 5-1 持久盈利的 4 种模式

抖音通过以软件为入口，前端引流后端盈利的策略，成功打造了一个集内容消费、社交互动、电商购物于一体的综合性平台。其独特的商业模式和强大的盈利能力，不仅为自身带来了丰厚的收益，也为整个互联网行业树立了新的标杆。

第二，以硬件作为入口，前端引流后端盈利。

小米公司自 2010 年成立以来，凭借其独特的商业模式和创新的营销策略，迅速在全球智能手机市场中崭露头角，成为"前端引流后端盈利，靠硬件作为入口"策略的杰出代表。小米手机的成功，首先在于其精准的前端引流策略。在智能手机市场初期，各大品牌纷纷推出高端机型，价格昂贵。而小米则反其道而行之，以"为发烧而生"为口号，推出了高性价比的小米手机。同样配置的手机，小米的价格远低于竞争对手，如苹果手机等。这种价格策略迅速吸引了大量对智能手机有需求但又预算有限的消费者。

在成功吸引大量用户后，小米开始在后端挖掘盈利潜力。其主要的盈利方式包括智能硬件销售、互联网服务、投资生态链企业等。通过多元化盈利方式，小米实现了前端引流后端盈利的商业模式，成为全球智能手机市场中的佼佼者。

第三，前端引流后端盈利，用产品作为入口。

用产品作为入口，经营以人为主的互联网思维，我们来看一个案例。

从表面看，瑞幸咖啡与星巴克一样都是卖咖啡的，但实际上瑞幸咖啡卖的不是咖啡，它是以咖啡这个产品作为入口，去连接都市小资、白领这类人群。因为到过瑞幸咖啡消费的人都知道，只要去下线门店购买瑞幸咖啡，就会邀请下载App，其目的就是要连接人、经营人。

当瑞幸靠下线作为场景，产品作为入口获取海量的用户以后，瑞幸就会变成一个线上版本的"7-11"便利店，不只卖咖啡，还卖坚果、生活用品、办公用品等。

第四，前端引流后端盈利，靠服务作为入口。

在同质化竞争加剧下，美发、美容、美甲等服务行业，同样可以转变经营思维，靠前端的服务去引流，后端的服务去赚钱，从而打造持久性盈利的商业模式，实现生态化发展。

我们来看美团持久性盈利模式设计的案例。

本地生活 O2O 系统，通过线上平台营销推广，给用户提供本地生活化的各种线下服务，包括了美食、电影、酒店、休闲娱乐和外卖等，从团购到一站式生活服务平台，横向＋纵向多方向延伸业务，着手参与行业上下游的产业互联网化。

与其他平台初期发展对比，如表 5-1 所示。

表 5-1　初期发展对比

核心构成要素	饿了么	美团外卖
价值主张	外卖界的淘宝，连接与吃有关的一切	全方位的选择性和便利性
目标顾客	高校学生、青年白领	高校学生、青年白领
核心能力	轻（餐厅自提供物流）重（自建物流）梯度配合，扩张快	依托集团 T 型资源和团购优势，线上流量来源广泛
盈利方式	向餐厅收取服务年费、广告费、竞价排名费等	餐厅佣金、广告费等

美团盈利模式，如图 5-2 所示。

佣金模式
- 美团最主要的盈利模式是通过出售团购商品，直接赚取中间的差价；或通过出售商品进行高百分比的抽成；或通过协议帮商家做折扣促销，按照协议金额形成收入

广告收入
- 客户在美团网上做广告，美团由此收取广告费

转借费模式
- 美团直接将页面链接到产品所属公司，让产品所属公司获得更多被知晓的机会，甚至开发出更多潜在客户，因此美团通过向该公司收取转借费用

活动回扣
- 商家在美团上做活动和展会时，美团会收取回扣，获得收入

图 5-2　美团盈利模式

并购+产品布局，如图5-3所示。

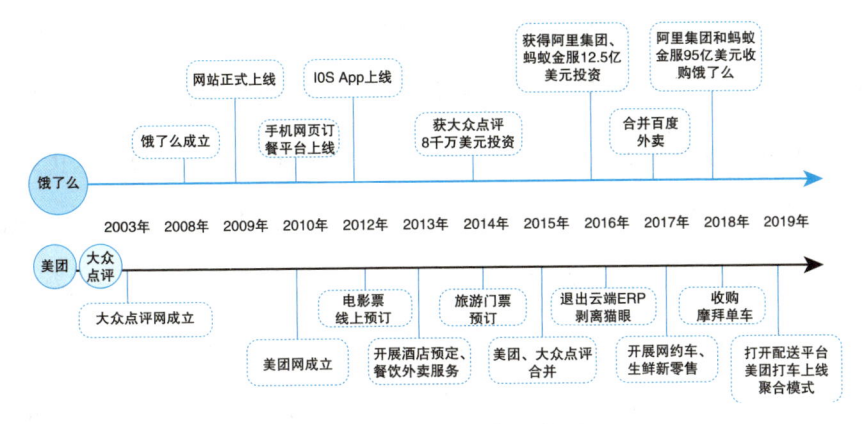

图5-3 并购+产品布局

饿了么时间线：
- 2008年 饿了么成立
- 2009年 网站正式上线
- 2010年 手机网页订餐平台上线
- 2011年 IOS App上线
- 2013年 获大众点评8千万美元投资
- 2014年 获得阿里集团、蚂蚁金服12.5亿美元投资
- 2017年 合并百度外卖
- 2018年 阿里集团和蚂蚁金服95亿美元收购饿了么

美团/大众点评时间线：
- 2003年 大众点评网成立
- 2010年 美团网成立
- 2012年 电影票线上预订
- 2013年 开展酒店预定、餐饮外卖服务
- 2014年 旅游门票预订
- 2015年 美团、大众点评合并
- 2017年 退出云端ERP 剥离猫眼
- 2018年 开展网约车、生鲜新零售
- 2019年 收购摩拜单车 打开配送平台 美团打车上线聚合模式

2. 盈利环节：产品、服务、招商、供应与产业

一个企业持续盈利的商业模式，主要体现在以下几个环节，如图5-4所示。

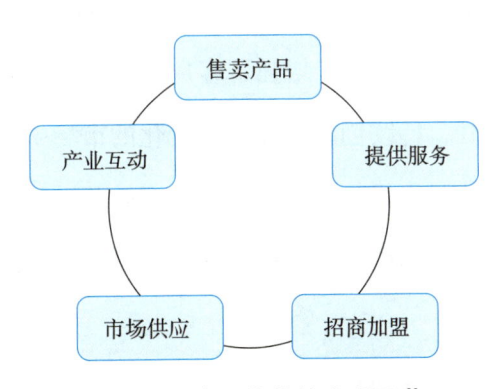

图5-4 商业价值的实现环节

环节：售卖产品、提供服务、招商加盟、市场供应、产业互动

（1）售卖产品

第一，品牌升华之路。企业需从单纯的产品与功能导向，转向构建强大的品牌形象与承诺。以"瑞士制造"为例，它超越了手表的物理属性，

133

成为高品质与信赖的代名词,从而赋予产品额外的品牌价值与溢价空间。

第二,精品聚焦策略。效仿电影大片的制作逻辑,企业应集中资源于少数几个核心产品或服务上,追求极致品质与市场影响力,而非广泛铺货。这种策略旨在通过打造拳头产品,实现市场穿透力与利润最大化。

第三,利润倍增效应。通过深度挖掘与多元化利用现有产品,企业能够创造持续且多样的收入来源。迪士尼乐园的成功,便是从单一主题乐园拓展至影视、玩具、服装等多个领域,实现了利润的多次转化与倍增。

第四,金字塔型产品结构。构建一个由低到高、层次分明的产品线,确保高端产品的稀缺性与高利润,同时以中低端产品扩大市场份额。瑞士手表、吉利刀片及芭比娃娃等品牌,均通过此模式实现了品牌价值的全面覆盖与利润的最大化。

第五,客户解决方案优化。超越产品本身,聚焦于提升客户整体系统的经济性与效率。思科的一站式商店模式,通过提供集成化的解决方案,降低了客户的采购与管理成本,增强了客户黏性,实现了双赢。

第六,速度制胜,持续创新。在快速变化的市场中,持续且快速地推出创新产品,是保持竞争优势与赚取高额利润的关键。英特尔与华为等企业,正是凭借不断的技术革新与产品迭代,引领行业潮流,并在竞争对手模仿前抢占市场先机。

第七,售后服务的盈利蓝海。除了一次性销售产品外,企业还应重视售后服务的利润潜力。汽车4S店模式、复印机/打印机的耗材销售、软件升级服务等,均展示了通过后续服务实现长期盈利的可能性。

总之,企业应根据市场价值需求,灵活设计并持续优化其产品结构与盈利模式。通过不断推出新产品、改善品牌形象、聚焦精品、多元化盈利、构建金字塔式产品体系、提供客户定制化解决方案、加速创新以及挖掘售后利润等方式，全面提升渠道溢价能力、消费者认可度及整体利润水平。在此过程中，合理利用高利润产品补贴低利润产品的营销费用，优化资源配置，最终实现成本降低与利润增长的双重目标。

（2）提供服务

服务是在产品销售后的维护、更新、更换和故障排除过程中产生的利润模型。它主要以产品为载体，产品不再是企业利润的主要内容。后期服务可以为企业创造更大、更持久的市场，形成服务依赖。例如，通信行业购买手机发送电话账单。

（3）招商加盟

通过投资促进的形式快速开放市场，是许多中小企业梦想快速发展市场的一种方式。然而，随着信息的扩散，投资促进的成功率非常低，那么我们如何确保成功呢？企业有必要对相关业务资源进行匹配和计量，详细做好招商准备工作。从表面上看，这似乎是投资广告或展览的表现，但实际上需要很多的方面支持。

（4）市场供应

一些经销商充分利用当地资源，深化培育当地市场，从市场上全面把握各种深层次的战略资源，不做区域外的事情，使经销商能够充分匹配资源的全部价值，最大限度地降低成本。这些经销商要么完全覆盖区域市场，要么深化某种渠道形式。

(5)产业互动

产品使用者在不同的企业或行业消费，消费不是一个独立的单一现象。例如，相当多的人在购物中心购物，再去高端酒店喝酒，然后在桑拿城洗澡，或者产业的上下游商业链之间存在不同的控制能力，如一些经销商通过经营渠道网络及整合上游企业等。前者可以在这些行业中设计一个信用工具来降低客户每次消费的使用成本（如用卡支付，减少麻烦），而后者可以将企业融入分销商的控制系统，减少中间交易，增强竞争优势，这也是可以实现的。

当你抓住"渠道"这个核心资源之后，你就拥有了话语权，可以整合上游，并购中游，帮扶下游，实现跨行业盈利，如图5-5所示。

为什么要整合上游？整合上游，可以提高工作效率，拿到更优质的、更有竞争力的产品，以及让你延长还款周期，让你账上有更多的资金。

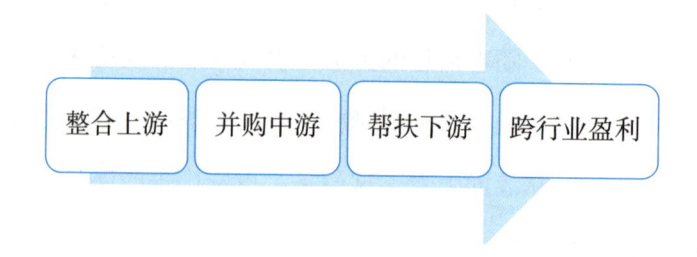

图 5-5　上下游整合流程

为什么要并购中游？因为一个品牌往往只能抓住一群用户，搞定多种用户需要用多种品牌，可是依靠你一家公司，依靠你自己去做不可能实现，把那些跟你做的类型相似的，但针对人群不同的公司并购过来。

帮扶下游，就是帮助和扶持渠道当中的终端门店，即帮助和扶持实体门店的能力，是未来五年最大的商业机会。

你的公司如果有渠道、有话语权，既能整合上游，又能多品牌运作，还能实现跨行业盈利，那么你的公司搭建了最成功的商业模式。

所有商业模式设计有三大心法，如图5-6所示。

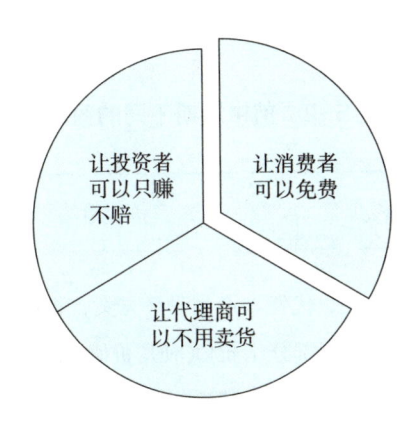

图 5-6　商业模式设计的三大心法

在构思任何一家公司的商业模式时，秉持三个核心自问：首先，这一模式能否确保投资者稳赚不赔，为他们构建一个风险可控、回报稳定的投资环境？其次，它是否能让代理商摆脱传统销售压力，实现无压力运营，甚至在不直接销售产品的情况下也能获得收益？最后，对于消费者而言，这一模式能否带来前所未有的体验，即能否实现消费即享受、消费即免费的创新模式？

若这三重目标均能达成，那么我们所创造的将不仅是一个商业模式，而是一个更加和谐、共赢、充满无限可能的商业新生态。

3. 盈利阶段：前、中、后期不同的盈利点

做企业的目的，就是满足客户需求获得利润。但是，你想过了吗，这家企业是你的起点，也是你的终点吗？你想要的终局是什么？有没有想过

成功之后要干吗，你的长期目标呢？

从经济学、财务的角度来看企业的经营和持续盈利，企业在每一个阶段都代表了不同群体的利益和价值观，主要分为以下三个阶段，如表5-2所示。

表5-2 前中后期不同的盈利点

盈利阶段	盈利点	核心策略	重要数据
前期产品阶段	以客户角度为主，代表客户的价值观（大部分企业处于这个阶段）	产品设计方案，将产品的价值（使用价值、交换价值）传递给客户，获得利润	用户数据，活跃用户数，用户转化率
中期规模扩张阶段	以运营效率为主，代表管理层的价值观	管理效率，产品规模，降低成本，追求更高净利润，获得规模	生产成本，营销费用，管理费用，营业收入
后期持续经营阶段	具有财务投资价值，以投资者的角度为主，代表股东和债权人的价值观	通过融资、并购，将销售额、应收账款规模增大，让资产保值增值	营业收入，净利润

（1）产品阶段

在产品阶段，企业通过卖产品给客户获得利润。产品价值分为使用价值、交换价值。使用价值是要为客户创造超预期的体验，交换价值是要激发客户愿意付款的欲望。

这个时候企业代表客户的价值观。如果你能从客户的角度来看企业、看产品，企业的组织架构、生产流程、销售流程等都是以客户为中心来设计，创造客户价值最大化，那么你的企业和产品更容易获得成功。

产品价值，客户关心以下3个问题。

①产品竞争力：为什么要用你的产品？

竞争力不是比较出来的，而是绝对的竞争力。它是指企业在产业链里，跟上下游谈判，和同行业比较之后，能够继续生存和发展的能力。产品必须具有成本优势、差异化。

②企业资源配置：这个产品是不是持续生产，用得放心吗？

企业资源配置包括两点：专注存量市场，加大优势产品投入，提高未来市场占有率；专注增量市场，根据市场趋势，投入研发新产品。

资源配置是由企业"战略"方向来决定的，也就是未来，长期我们靠什么来盈利？所谓"战略配置"就是企业资源是要未来的市场做铺垫的。根据增长点来配置企业资源，包括人、财、物、时间。

如果目前你的王牌产品，市场份额高，增长率低，这块业务可以保留，但是不用继续投入核心资源。企业的资源是有限的，必须投入未来高增长、高份额的市场。

③企业内部管理：这家公司的文化和价值观，值得信赖吗？

传统的企业组织架构，包括产品研发部、采购部、市场部、售后服务部、人力资源部、财务部、后勤部等。而现代企业管理中，企业需要与消费者、供应商共享产品链数据，让消费者更加透明直观地了解产品的全部优缺点。还要建立符合客户价值的组织架构，而不是根据职能来划分。

（2）规模扩张阶段

规模扩张的价值，体现在运营价值。整体来说，企业是产品和客户之间的平台，企业提供产品，为客户提供选择。想要获得规模增长，重点有两个：一是提高产品的数量，二是提高客户的数量。

当营销费用投出去，要找到精准的客户，能够给企业带来贡献的客户。如果获客成本太高，客户给企业带来的价值很有限，那么这个企业很可能不适合做规模。

要么降低获客成本，要么向客户收取很高的费用，才适合做规模。有些企业更适合精细运营，应做强，而非做大。

（3）持续经营阶段

怎么判断一个企业具有财务价值呢？

很简单，如果你的企业收入增长，超过成本费用的增长，收回来的钱足够投到下一轮产品和市场里面去，那么这个企业就具有持续经营的能力。一个企业具备持久性盈利的能力，就具有经济规模的价值。

所有的创业，一定是进入持续经营阶段，才算创业成功。如果你是有规模、有规律的企业，依据你的数据可以预测你的未来，你想进入资本扩张不难。如果你没有规律，那你的项目就很麻烦，属于风险很大的类型。

第二节　自我复制与极速扩张

我们设计独特的盈利方式，颠覆行业的规则，并且要实现自我可复制，能够快速地进行规模化、全国化，而不要让别人快速地复制你。那么，你如何能够做到自己的快速自我复制？

1. 裂变式全国复制

你必须建立你的核心的高竞争门槛，也就是你的壁垒。到底是什么壁垒呢？是技术，是市场，是规模，还是你在这个行业所积累下来的经验，还是你比别人快走了一步，还是你整合资本的能力比别人强，等等。

很多人问我："招代理怎样才可以最快地扩张？"我就想先问一句："你的代理商赚钱吗？你要满脑子想着如何让你的代理商快速赚钱，他们越赚钱，代理越好招。"想让代理商快速扩张，最重要的方法是双降：第一，降低代理商的投资额；第二，降低成本，让他（它）快速赚钱。

例如，有一个卖保温杯的，他选择的渠道是童装店，原因在于：第一，童装店的负责人本身具备销售的能力；第二，童装店里的顾客本来就挺多，如果花15 000元做了保温杯的代理，卖掉以后可以得到40 000元。其中有一家服装店的女店长，交完15 000元的代理费，回去第一天就在朋友圈发布产品，居然把200多个杯子全部卖光，一天就赚了25 000元。

昨天的生意是把一个产品卖给一千个人，今天的生意是要锁定一个人卖他无数次，明天的生意是锁定一个人卖他无数次，再让每个人转介绍几百人、几千人，然后每人再卖无数次，这就是裂变式全国复制。你要利用现在他们已经发生的投资和已经发生的成本，你帮他们提升客流量，增加盈利，帮他们把原有投资的资产变现，这才是你今天的机会。

很多人都会问一个创业者：你有什么核心竞争力？一个刚创办的公司，有什么核心竞争力？核心竞争力怎么出来的？核心竞争力一要有足够的时间、有足够的资金、有足够厉害的人才、有足够厉害的技术，没有时间沉淀、没有资金、没有人才、没有技术，核心竞争力该如何体现？

很多人以为产品是核心竞争力，品牌是核心竞争力，团队是核心竞争力，学习力是核心竞争力，努力是核心竞争力，等等，如果你要这么说的话，年轻人会说体力、精力是核心竞争力，其实这都不叫核心竞争力，这些都是基础。

对于中小企业来说，哪里离钱最近，哪里就有竞争力，所以核心竞争力就是渠道，就是抓资源。世界五百强企业收购民族品牌，都是因渠道而收购的。所以你会发现，只要你有渠道，你就有核心竞争力；你只要有庞大的销售网络，你就有话语权和定价权。

在上一节我们说过，商业模式其实远远大于并包含的盈利模式，我们很多人会把盈利模式就误认为是商业模式，盈利模式就是你用什么样的方法来快速赚钱、快速裂变的模式。而完整的商业模式，还要建立高壁垒，要防止竞争对手跟你去PK，来抢你的生意，我们还要有长期的利润空间，否则你快速投资进去，没有长期的利润，你的投资回报率也是很低的。

所以，优秀的商业模式，它不只是我们简单地理解的盈利模式，还有我们要自我可以复制，但是别人很难复制你，我们要构建壁垒。我们的自我复制当然存在"瓶颈"，它可能是管理"瓶颈"，可能是技术"瓶颈"，可能是资金"瓶颈"，可能是系统"瓶颈"……那么，你的企业进行自我复制裂变的过程当中，存在哪个方向的瓶颈，你需要去思考。

很多企业会盲目地被别人牵着走，我们要扩张，但是你会发现当扩张以后，如果你没有打掉你的复制壁垒，你就是虚胖到了一定阶段，你可能会迅速崩塌,因为你没有复制能力。以后,你被强拉着进行了扩张,你最终的扩张是支撑不了你当时的那种规模的。所以,我们首先要解决如何才能够快速去复制、裂变,当然还有一种商业模式,就是快速赚快钱的模式。

如果你没有快速自我复制能力,你就会出现所谓的爆雷。比如,乐视的贾跃亭跑路,恒大的许家印被调查了等。所以,作为民营企业家,如果你个人的能力不足够强,那么,你先打掉你复制的壁垒,慢慢地一步一步往前去走稳。这是我们绝大多数中小型企业所需要思考的问题。

2. 扩张的天地人网

天地人三网是指"全网络营销"。简单地说,全网络营销是一种集传统营销方式、PC端营销网络、移动端营销网络三者为一体,包括产品规划、开发、运营、建设等所有环节,最终实现全网络覆盖的营销模式。

以往我们的营销模式单一、渠道单一,随着互联网的发展,传统模式早已是明日黄花,全网络营销才是应对时代变化的最有效方式。

全网络营销将传统营销、互联网营销和移动互联网营销合为一体,三者相互渗透和融合,构成了一套完整的营销系统。从另一种观点上看,全网营销实际上是天、地、人全方位的销售实战,如图5-7所示。

(1)"天"网:创业者所从事行业的口碑

作为连接各方的平台,其作为中间商的角色至关重要且不可或缺。关键在于,这样的平台应当坚守公正中立的立场,摒弃任何投机取巧、损害用户利益的行为,如欺诈与不当引导。相反,它应当诚实守信,专注于提供高质量的服务,并从中合理收取应得的服务费用。当平台以这样的姿态运营时,不仅赢得了用户的信任与尊重,也促使了用户更加愿意在平台上进行消费,共同营造一个健康、积极的交易环境。

天网
- 销售半径跨越地域,如数据平台前端数据垂直,IP、网红引流到地网,树立品牌(平台)

地网
- 依托线下经营场地提供品牌服务,如连锁经营实现品牌溢价赚钱(店)

人网
- 依托人的传播和裂变提供商品服务,直销代理、社交电商(货)

图 5-7 天地人网营销

中间商如何提供服务呢?如果中间商是网红个体,就用直播方式来带货,这个模式就是直播电商。如果用户主动搜索产品,找到厂家店铺下单购买,这就是搜索电商。其实找到的这家店铺,可能是一家贸易公司,并不是厂家,因为厂家真的不擅长营销,只会生产。如果用户刷抖音,顺便买了物品,这就是兴趣电商。抖音电商负责人说:"兴趣电商是人们对美好生活的向往。"其实兴趣电商的原理同样简单,人们手头有点紧,买的都是生活必需品,而当人手头很宽裕,买的不就是兴趣吗?

无论是搜索电商、直播电商,还是兴趣电商,都有一个中间商。中间商存在的意义,在于它能够提高服务,节约用户的时间。

例如,如果中间商能给用户收集全球最好的商品,分门别类地放在一起,按低档、中档、高档、奢华四个层级呈现,明码标价,把进货价都标出来,然后增加5%的服务费,消费者毫不犹豫地就买了。

消费者从来不在意增加的 5%，哪怕你提高 15% 也不在乎。这些年消费者是被中间商以各种套路哄骗，被各种口号洗脑，被各种不透明把心都伤完了。如现在一包薯片，包装更大，但里面的薯片量更少了，这就是套路。

中间商全球选品，层层优选，给用户节约大量时间。不要以为从厂家订购就好，你要买一条毛巾，你联系厂家，厂家会做你一条毛巾的生意吗？你真的知道你需要什么样的毛巾吗？难道你不希望看看其他用户对毛巾购买的体验，看他们拆箱，看他们做横向比较吗？中间商给你收拢大量厂家，给你更多的选择，控制厂家的品质，挤掉厂家的份额。如果不满意还可以轻松退货，不用看厂家脸色，这难道不好吗？

比如，过去我们打车，你上了的士，司机半路给我们绕路，我们能怎么办？只能忍，哪有时间和他耗。后来有了打车软件，一切交易基于手机互联网，通过软件打车，节约了我们的时间，你说这样的中间商好不好？

中间商是好，只不过很多中间商做大就开始走蛮横路线了。如果不是相关部门监管，市场就会被这些中间商控制了，如图 5-8 所示。

①简化交易环节，砍掉非必要环节，提高交易的效率

②提高人机交互方式，操作一定要简单

③给你的产品加上情绪

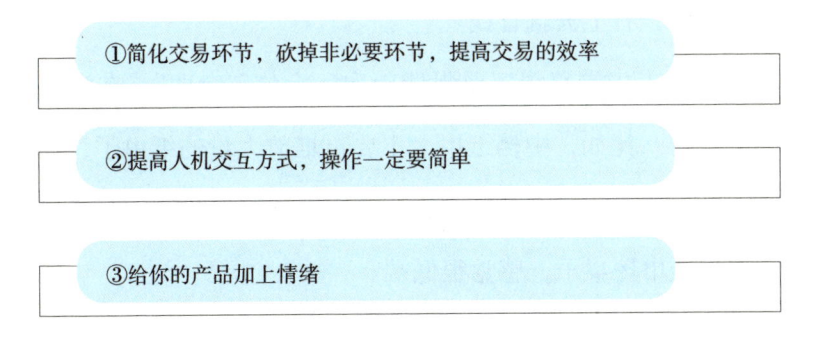

图 5-8　中间商的变现结构

第一，简化交易环节，砍掉非必要环节，提高交易的效率。比如，我

们用App买东西，扣款、回款、退款越快越好，越简单越好。因为商业本身带有焦虑，所以做得简单，用户体验感才可提升。

第二，提高人机交互方式，操作一定要简单。用户在你平台上买东西，界面设计得像迷宫一样，客户这就失去购买的乐趣和意义。以前的某些订机票的中间商故意这样设计，很多不知名的费用都给你勾上，一不小心就被坑了。几年时间，他们用这一套路套走人们上百亿元。现在的抖音直播间，购买方法很简单，点击小黄车直接购物，还不影响看直播。而且现在的直播很流行抢杀、秒拍，界面不简单，那就抢不到了。

第三，给你的产品加上情绪。人们看到你的产品，一眼就能产生情绪。不同产品传递不同的情绪，低端产品传递快乐，让消费者乐呵呵地快乐消费；中端品牌传递温柔，满眼都是宽容，能让中产阶层与生活和解，让中产人们感受生活之美；高端品牌要带点伤感，站在道德高点，悲天悯人，在产品的设计方面，要让人快速看到锚点，也就是不用大脑思考的那个点。

①如果产品走低端路线，那么要在产品定位中加上"省"钱的省字。在海报设计上，展现产品，体现省钱的优势。比如，纸巾海报，24包纸巾堆成小山一样，看上去就省钱。

②如果产品走中端路线，要强调档次，定位"专业"，在海报设计上加上专业的内容。比如，中档纸巾，不要再堆放大量的纸巾了，你放一个人的侧脸，加一张纸巾。全是特写，展现专业。当然你摆一张桌子和一张纸巾也行，但纸巾擦桌子，感觉很低端。

③如果产品非常贵，要显得低调，突出文化，展现"大师级"，用深沉的背景与形象，一看就很高贵。比如，华为联名款手机，用过的朋友都

知道，还有奔驰汽车、慕思床垫都是这样的锚点，纸巾是日用品，是快速消耗品，不适合走高端和大师级路线。

那么现在，你的产品定位在哪个档次，脑中会不会浮现相应的锚点，有没有相应的定位，有没有相应的设计海报？如果你过去没有，现在就照着这些变现思路去变现吧！

（2）"地"网：一种实体店的经营形态

业态针对某行业的消费者所提出的特定需求，将企业的要素进行组合，包括经营结构、选址、价格政策等方面的整合，从而达到一定的效能。

比如，九毛九721合伙人模式。

①总部出资。总部出资建设新店。

②投资占股。新店由总部全额投资，但总部只占股70%；考核达标的店长，不用投资，就能享受20%的门店分红。

③师徒制度。老店长每年要培养一名新店长，新店长一旦通过考核，就能开新店，同时，老店长还可以在新店享受10%的分红。

通过这种合伙人模式，帮企业解决了人才裂变的问题。

（3）"人"网：用户传播裂变

人网是指社交化，比如社群，主要取决于移动互联网的特性：人与人之间的连接。新时代的理念已经不再是点与点的对接，而是人与人的联系。人的感情维系着商业，人们从卖产品转化为"卖感情，卖信任"，这就是大势所趋。由此，我们可以得出天地人三网实战的根本精髓是网络、口碑、人气、服务、数据。

正因如此，天地人三网实战是实现产品差异化竞争的有力手段，也意味着这已经成为企业的核心竞争力。不仅如此，天地人三网销售创造了多种销售氛围，结合口碑营销、业态营销以及移动互联网营销，实现线上、线下全网系统销售。

3. 赋能模式

对于企业经营，有一句话值得我们反思——"没有成功的企业，只有时代的企业"。一个企业与它所处的时代紧密相连，顺势而为者生。不得不承认，这是一个充满不确定的时代；这是一个被互联网技术（广泛应用）重新改造的世界；这是一个以高质量发展为新诉求的更加开放的时代；这是一个由千禧一代主导消费的时代。在这些大的要素持续变革下，新的商业模式、新的商业文明、新的组织模式，已经悄然形成。

作为领导，要把决策、行动的权利赋予了解情况的一线人员，也就是赋能。要做到这一点，就必须对现有的管理体制、文化进行改造，需要从"英雄式领导"改为赋能给下属，信任其能够根据情况第一时间处理问题。

作为企业组织，赋能才是这个时代管理变革正确的打开方式。赋能模式的核心就是利用自己积累的优势资源，输出给资源能力比较少的利益相关者，形成互补，为彼此产生价值。

案例：这个模式的代表性企业就是小米。

小米公司2010年成立，雷军和他的创始团队以智能手机这个单品为切入口，利用互联网平台进行销售，实现了快速增长；到2017年，销售额超过了1 000亿元；2018年7月小米成功上市。为什么小米发展得这么快？

因为在2013年年底，小米成立了智能硬件生态链事业部，把智能手机作为流量入口，引入更多的智能硬件产品来扩大产品线，包括智能家居、电视、电脑等系列产品，而这些产品后来怎样实现快速增长呢？

一般情况下，很多集团化企业扩张，主要有以下两种做法：

第一种做法是内部培育和从外部招兵买马相结合，自己研发产品。这种做法的问题在于内部员工的能力未必很强，投入的隐性成本也比较高，结果具有不确定性。

第二种做法是兼并收购，包括收购控股权或者整个企业。但是这种做法的问题在于花钱比较多，陷阱比较多，整合也比较难。很多小企业被并购后，和大企业在企业文化、管理规范方面产生差异，尤其是核心团队一旦离开，往往大企业等于白买。比如，分众传媒创始人江南春说过，他不太喜欢买以人力资源为主的企业。因为核心资源在人身上，而人是流动的，经常是企业买过来了，但是人跑了，最后人财两空。

这两种常规做法小米都没有采用，而是采用了孵化加速，非控股投资的赋能交易模式。

按照创富商业模式的思维，首先要看小米有什么资源能力，缺乏或者需要什么资源能力。小米创始人团队不是普通大学毕业生，而都是在科技公司负责过技术、产品、运营等方面的高管，资源能力丰富。这个团队具备的资源能力，如图 5-9 所示。

第一，供应链资源。小米拥有全球供应链体系，可以实现集中采购、管理和销售。

第二，人才库资源。小米拥有生产制造全价值链的专业人才。

第三，用户资源。小米通过前期手机销售积累了两亿多粉丝，主要是

17岁至35岁的理工男为主,并且正在向女性和高年龄段扩张。

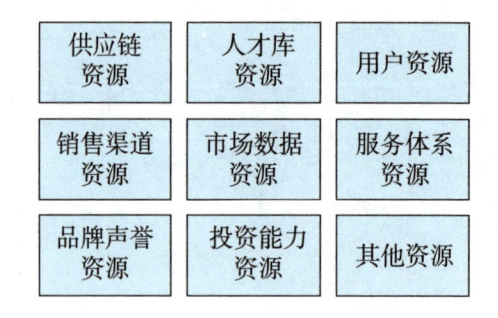

供应链资源	人才库资源	用户资源
销售渠道资源	市场数据资源	服务体系资源
品牌声誉资源	投资能力资源	其他资源

图5-9 小米创始人团队具备的资源能力

除此之外,还有销售渠道、市场数据、服务体系、品牌声誉、投资能力等资源能力,这里不一一展开了。

小米虽然积累了这么多资源能力,但是也欠缺一些能力,特别是其他智能产品的核心技术、设计研发能力等。小米欠缺的产品技术能力在谁的手里呢?主要在一些从大的制造企业、大的科技公司出来的创业团队手里。

对于创业企业来说,痛点在于它们没有知名度、采购量小、原材料采购价格偏高,由于渠道加价,销售价格比较高,导致销售量小,增长速度慢,融资会更加困难。这些创业企业所缺乏的资源能力,恰恰是小米所具备的。

对于小米来说是万事俱备,只欠东风,而对于这些创业公司来说是只有东风但缺万事,所以双方的资源能力形成互补,可以产生交易价值。当然,小米筛选这些公司进行合作赋能,也是有一定条件的。

第一,市场空间要足够大;

第二,产品痛点和不足比较明显,包括性价比不高,品牌没有知名度等;

第三,有耗材或者可迭代,可以让产品相对丰富;

第四，与小米的用户群契合，可以享受小米用户的红利；

第五，价值观一致，不急功近利，赚快钱；

第六，团队足够强，能够驾驭运营。

小米的盈利，包括两部分：

第一是业务分成收益。销售产品的利润，小米和生态链创业企业进行五五分成。

第二是投资收益。小米对部分生态链企业进行非控股投资，等待生态链企业上市或者被收购后，可以获得股权增值收益。

当然，这种模式存在一定风险。因为对它们是非控股方式，所以小米对这些生态链企业的发展没有决定权。如果出现产品品质问题，会给小米品牌带来损失。

面对这个问题，小米对其如何管控呢？

首先，小米的用户资源、资金等给创业企业带来了巨大的收益，所以离开小米，创业企业损失会很大。其次，小米建立了严格的品控标准。最后，把一部分智能产品组建了新的米家品牌，与小米手机品牌进行分离。

小米的这种赋能模式对创业企业来说，可以减少投入资金，加快发展速度；对小米自身来说，可以减少研发投入，把成本变为收益；对投资者来说，看懂企业的商业模式，有助于发现优秀企业。所以对多方都具有巨大的社会效益。

4. 最佳外部交易方式持续收益

外部交易，就是如何与外部交易主体交付你的资源能力。外部交易方式不同，交付的成功率和交易价值差别也会很大。外部交易方式有很多种，按照业务活动环节来进行分类，分为研发、采购、制造、营销、渠道等活动的交易方式。每个活动都有很多交易方式，比如在研发方面，宝洁选择与外部众包的交易方式。

设计和选择交易方式的两个重要原则如下。

第一，成功的合作模式应致力于为对方创造增值效应，这体现在提升对方的经济收益、帮助其降低成本开支，或是有效减轻其面临的风险。这样的正面影响是合作持续与深化的基石。

第二，对于自身而言，应追求收益的最大化，这要求我们在业务运营上既要追求高效增长，迅速扩大收益规模，又要积极拓宽收益渠道，实现多元化发展。以特许加盟模式为例，它相较于直营模式，更能充分利用合作伙伴的本地资源与能力，实现业务的迅速扩张。正如可口可乐早期所采用的策略，通过授权装瓶与销售，不仅降低了自身的运营压力，还极大地加速了其市场覆盖与品牌影响力，是收益最大化策略的成功典范。

在生产和销售环节，主要有五种交易方式，如图5-10所示。企业有多种外部交易方式，最终的投资价值差异很大。

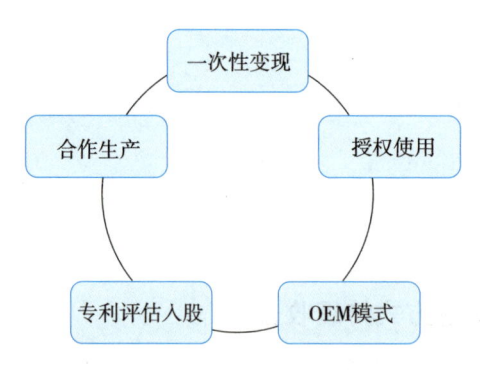

图5-10 企业多种外部交易方式

（1）一次性变现

一次性买断交易模式，即将技术或专利的完整权益直接转让给合作企业，这种方式能迅速为技术持有者带来一次性经济回报。然而，此模式也伴随着技术估值的复杂挑战。若技术价值被低估，则卖家可能蒙受经济损失；反之，若估值过高，则可能因超出买方预期而导致交易难以达成。此外，由于这种交易往往具有排他性，即技术通常只能卖给单一企业，这在一定程度上限制了其交易市场的广度与深度，进而可能影响整体交易价值的最大化。

（2）授权使用

企业把技术授权给一家或者若干家合作企业，按照对方销售额或者产量收取一定比例的专利费或技术使用费，这样可以获得持续收益。

比如，华为公司在5G市场采用授权使用方式。华为有效全球专利族数量占比为14%，以较大的优势排名第一位。由于华为的专利池是5G应用绕不过的技术。这种交易方式在5G时代取得了巨大成功。采用这种方式，研发团队可以持续获得提成收益。

但是，如果被授权企业没有上市，很难监控他们的产量或者销售额，也就是监督成本高，收益风险大。

（3）OEM模式

OEM是英文Original Entrusted Manufacture的缩写，OEM模式是一种代工生产方式。意思是品牌生产者不直接生产产品，而是利用自己掌握的关键的核心技术负责设计和开发新产品，控制销售渠道，具体的加工任务通过合同订购的方式委托同类产品的其他厂家生产。

这种方式技术团队要自己建立销售渠道，打造品牌则需要投入比较多的资金，为此需要进行股权融资。由于还处在起步阶段，销售额很少，估值不会太高，会导致技术团队的股权稀释比较严重。而且由于面对众多的区域竞争者，经营效果不确定，所以还不一定能够获得股权投资的欣赏。

（4）专利评估入股

专利评估入股合作企业，这样做首先面临专利评估的问题，而且通常只能和一家企业合作，还不一定有经营控制权。

（5）合作生产

技术团队把配方交先给愿意合作的厂家生产，与这些企业联合品牌，节约自己在品牌方面的投入，再委托合作企业生产，利用他们的工厂产能按成本价收购，最后委托合作企业销售。

如何激励这些企业愿意合作呢？在收益分配上，可以给对方比较高的比例。这种交易方式的设计理念，就是把业务活动切割为技术研发、配方、生产、销售，另外将资源能力切割为品牌、资金、产能、销售能力等。在这种交易方式下，技术团队可以掌控经营权，通过技术研发、配方输入、产品品牌授权和联合，获得持续性的分成收益，大大减少了技术团队的资金投入和股权稀释，还可以作为独立经营主体上市。

为了进一步抑制合作方机会主义行为风险，可以设立一个合作方的投资基金，在下一阶段股权融资的时候，可以针对合作方表现给予不同份额的优先投资权。显然，这种交易方式最终实现的控制力和投资价值最高，交易成本和交易风险可控。

你也许会说，这样不是很吃亏吗？其实并不吃亏，因为技术团队在早期没有大规模投入，股权稀释程度低，另外利用了合作企业的产能、品牌、销售渠道等各类资源，产品可以快速得到市场认可。

在第二阶段，随着企业实力增强，可以调整交易方式。

比如，可口可乐配方的研发人，早期因为缺乏资金和经营管理能力，采取寻找有资金和经营管理能力的区域合作伙伴，给予他们永久性的区域装瓶销售权，向他们出售浓缩液，他们按照可口可乐品牌去生产、推广和销售，后来随着可口可乐上市和市值增加，才通过并购控制了这些装瓶企业。

5. 商业模式创新与重构

到了今天的商业时代，不仅仅产品过剩、产能过剩、工厂过剩、资金过剩、店铺过剩，一切都过剩，怎样才能把这些所有过剩盘活，最近两年最热的词是共享，这个时候就需要商业模式创新与重构。

过去研究的是怎么把管理有效做好，品牌定位需要天天调查市场，天天研究消费者，今天重构商业模式需要你跟投资人打交道，跟合伙人打交道，跟代理商打交道，跟市场打交道，跟行业打交道。

今天面临的环境比过去复杂很多倍，你能够把话讲出去，让投资者很开心，让你的合伙人很开心，让你的代理商很开心，让所有跟你发生利益关系的人都很满意，这个时代语言就是生产力，你需要成为老师，成为语言工作者，口乃心之门户，头脑逻辑不清晰是无法表达清晰的，所以你讲得越多，思维越清楚，就可以倒逼你思维进化。

今天是一个被互联网技术重新改造的世界，这是更加开放的时代，这是一个"90后""00后"新生代主导消费的年代。在新的时代背景下，新的商业模式、新的组织模式，已经悄然形成。置身其中，我们都将深受其

155

影响。

个性化需求，导致个性化定制正取代同质化、大规模生产与销售模式。将一种定性的商品进行大规模、大批量生产和销售的，这样的B2C业务模式将走向消亡。

跨界竞争、跨界打劫盛行，行业之间相互渗透与颠覆，竞争无边界化，竞争对手泛化，如小米从智能手机到智能电视、空调、净水机、拉杆箱、儿童玩具……

打造企业IP模式，正在替代传统的大投入、轰炸式的广告模式，精准、价值、情感等成为品牌与消费者沟通的关键词。身处移动互联网时代，其背后孕育着更深层次的变革：一端是用户的变化，另一端是企业组织的变化。用户的变化带来的是产品至上、服务为王、共生经济。场景变了，一切有趣的事情都在手机上发生；市场变了，更多的商机在浮现；商业和商业的法则也变了，一些终将没落，另一些注定要崛起，而这一切才刚刚开始。

在传统时代，成功企业商业模式是从1到N的过程，也就是在现有基础上，复制以前的经验，商业模式复制，规模的扩张——通过竞争不断扩张自己的影响力。而在互联网时代，成功企业却是从0到1创造市场的过程。

第三节　构建壁垒与定价权

互联网企业凭借其高度互动性所触发的马太效应，往往倾向于在细分市场中迅速形成垄断地位，构建起行业壁垒。然而，真正的商业护城河并非仅由此自然形成，而是依赖持续的技术创新引领、卓越服务体验的打造，以及构建深厚的客户忠诚度，使得客户转换至其他平台或服务的成本变得高昂。这种由客户黏性所支撑的高转移成本，才是企业掌握行业定价权、实现持续盈利与现金流增长的坚实基石，也是为股东创造长期价值的根本所在。

反观，单纯依赖资金堆砌以扩大用户规模，若未能有效创造客户价值、提供差异化服务，进而无法形成显著的客户转移成本，这样的规模扩张并不构成有效的竞争壁垒。传统思维中的"低价抢市、垄断后提价"策略，非但非创新之举，反而可能因忽视客户真实需求与长期价值创造，最终成为资本消耗的无底洞，难以逃脱失败的命运。因此，构建可持续的竞争优势，关键在于深刻理解并满足客户需求，以技术创新和服务优化为核心，构筑难以复制的商业壁垒。

1. 个人："强"个人IP、企业家个人能力

新媒体是相对于旧媒体的一个概念。旧媒体以广告为主，新媒体则不同，人人都是自媒体，产品媒体化，媒体产品化。新媒体以数字技术为基础，以互动传播为特点，具有创新形态的一种媒体形式。比如，快手、抖音、头条、YY等都属于新媒体，并引爆了诸多现象级商业事件，如众多的"网红"。

比如，网络红人papi酱，论颜值，有人说她是低配的苏菲·玛索。她貌美，但是着装像个文艺女青年。她推送的内容，十分接地气，而且表达的方式很有笑点。papi酱在网络上发布了台湾腔、东北话、上海话的一些段子。这些作品为她获得了超高的人气。在内容上，一些网红追求语出惊人，papi酱却以现实为切入点，以独特的方式来呈现。

papi酱吐槽男人不会送礼物。台词很别致：我和你说我喜欢那条项链、两个月你都不明白用意；不要送花，它谢了，不意味着我们的感情也碎了吗；这裙子要是有双好鞋配，就更好了。她也结合热点话题进行吐槽。例如，马桶盖事件、明星出轨、烂片点评。

papi酱能够走红，是因为她选择的话题丰富全面，有很多内容都能戳中用户的痛点，所以能从许多同质化产品中突围。

从papi酱的走红来看，人们对IP的认可并不是功能性需求，而是找到一种自己认可的价值取向和情感表达，这就是网红壁垒。papi酱的搞笑幽默、犀利爽快正符合年轻人的需求。

传统媒体的痛点在于，过于依赖内容广告的创收模式，而自媒体以社群为核心，用专业化的能力、人格化的感召力、有价值的内容来支撑起强大变现能力的新经济形态。

自媒体的兴起，人人都是段子手、人人都是网红；移动互联网的发展，越来越会为一个个普通的个人赋能；个体崛起，个体越来越拥有话语权。互联网最大的改变就是话语权的改变，话语权不在厂商手上，而是在消费者手上。

与传统时代相比，移动互联时代各方面都呈现出新的特征，尤其是在商业，与传统时代迥异，一个显著特征就是：品牌都回到了人本身，真正的"以人为本"，企业家要打造强IP，在人的"产品化""品牌化"过程中，最终实现自我价值。这里我教大家几个实用的方法，如图5-11所示。

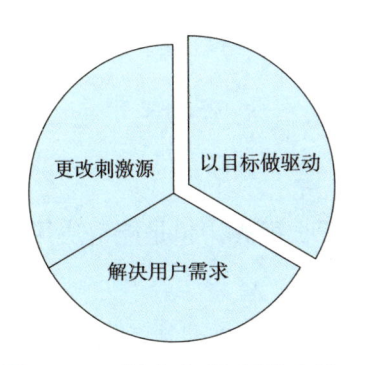

图 5-11　强个人 IP 打造方法

（1）以目标做驱动

每个人都有自己的奋斗目标。例如，攻克英语、减肥健身、环球旅行等。于是围绕这些目标，产生了许多新社群。

例如，著名影星彭于晏的减肥经历堪称励志。爱杰动力健身的创始人利用彭于晏为健身爱好者树立目标。它的宣传语是：你是魔鬼，还是磨腿。就是告诉大家，自己有科学和正确的健身方法。

管理学认为，目标最有号召力。奏效是最大的动力，所以企业家要成为超级个人 IP，就要给粉丝设立目标，并让他们相信，在自己的帮助下可以实现这个目标。企业家打造个人 IP，一定是一个人自动、自发、自觉的行为，一定需要一个人有强烈的企图心，一定是一个人先跟自己对话，然后走出自我去跟整个世界进行连接。

（2）解决用户需求

想要 IP 化，解决大家的需求也是必不可少的。

比如，有一句广告词——"饿货，来条士力架吧！"中美士力架的创始人就在"饿"上大做文章。它的外包装上标明 20 多种因饥饿产生的症状。如暴躁、傻、嗜睡、呆滞、迟钝。

围绕这些名词，士力架还在网上制造话题：饥饿的时候你是什么？引起了许多网友的响应。在线下，士力架有一个"饥饿急救中心"，接线员接到粉丝的饥饿电话后，会指派快递员，为其送去士力架。

在我国，美团、饿了么很火，越是能解决用户需求的网红，越容易实现 IP 化。

（3）更改刺激源

要是没有能力改变刺激源，用不了多久粉丝就会产生"视觉疲劳"。以筷子兄弟为例，早些年他们演唱的《老男孩》很火，但谁也没想到《小苹果》也是他们的作品，如果没有新作品的持续刺激，筷子兄弟也就很快沉寂了……

其实，这种做法就像一些品牌餐饮企业，总要定期推出一些新产品。如果产品没有更新，那就更换外包装。例如，百事可乐有超值瓶，容量比普通瓶多 200 毫升，而且在广告宣传上，经常请最热的明星做代言，给用户十分新鲜的感觉。

以上几种方式，还可以结合使用。

例如，"目标驱动＋更改刺激源"，有许多健身达人推出反传统的健身理念：6 块腹肌已经过时了；美国开始流行爸爸肚，所谓爸爸肚就是刘青云那样的身材，稍胖但是给人沉稳、可靠的感觉。

切记，不要为了吸引眼球，制造一些不能自圆其说或者让粉丝反感的话题。也不能说与自己经营的产品毫无关系的话题，否则将会得不偿失。

2. 模式：分享经济、粉丝经济

在互联网时代，粉丝经济日渐蓬勃。你想做什么事，如果没有粉丝，恐怕都不敢理直气壮地下手。电影票房靠粉丝、直播带货看粉丝、明星人气也靠粉丝，各行各业，一条产值丰厚的粉丝产业链正在形成，催生了如今的新零售模式。

在互联网时代，分享经济与粉丝经济是必须经营好的。

分享经济是当前最新型的商业模式，当消费者购买了商品，觉得商品的性价比不错，就会把商品分享给自己的小伙伴，然后获得了奖励，鼓励大家参与分享的这个模式。

比如，社区团购是一种新的连锁零售模式，是通过社区为中间，依托分享经济为基础，借助各社区的团长作为虚拟店主，通过社群作为销售场景，抢占生鲜果蔬的高频消费市场。

没有分享就没有互动，没有互动就没有成交。生活中要做一个善于分享的人，告诉别人你是怎样的一个人，你是谁，你会做什么，你懂什么，你擅长什么，你能给别人带来什么。只有你给人家带来价值，人家才愿意去跟你互动，才愿意为你的事业助力。

要善于分享生活、分享感悟、分享成就、分享经验，你分享得越多，喜欢你的人就越多，跟你互动的人也越多，自然这些人也就会成为你的客户或代理。越分享，越成功。

现在的消费者，可以通过分享成为消费商。"分享经济"的时代已经悄然来临，不管你接受还是难以接受，它正引领一种新的"消费模式"，改变着我们的购买方式、支付工具、营销渠道等。

粉丝经济是指粉丝与被关注者之间的经营性创收行为，是一种通过提升用户黏性并且以口碑的形式获取经济利益与社会效益的商业运作模式。

很多直播网红带货赚钱能力惊人，罗永浩靠直播带货一年还清6亿元债务，很多明星也通过直播带货变现，可谓得粉丝者得天下。

根据市场营销的二八法则——20%的顾客创造80%的业绩，各行各业，不管是美容院也好，服装店也好，甚至教育培训业，都要集中精力瞄准最具备消费能力的20%的客户，让他们成为你的"粉丝"。

例如，美容院会把顾客进行分类——A、B、C、D类，如图5-12所示。

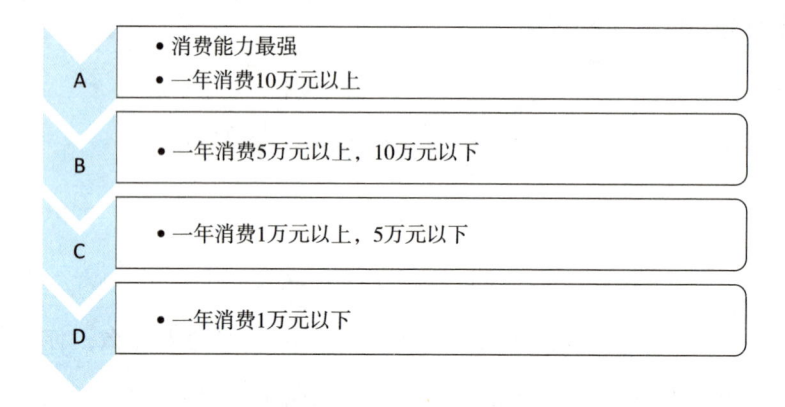

A
- 消费能力最强
- 一年消费10万元以上

B
- 一年消费5万元以上，10万元以下

C
- 一年消费1万元以上，5万元以下

D
- 一年消费1万元以下

图5-12　顾客分类

美容院应该把精力放在A、B类顾客身上，这样投入的时间精力才能产生最大的回报。我把这种逻辑称为"割韭菜逻辑"。

割韭菜逻辑是一个比喻，你今天要去割韭菜，一眼望去是绿油油的一片韭菜，但是你割韭菜的时间有限、体力有限怎么割？找最矮的、最小的割？肯定不是，应该先看一下哪些韭菜最高、哪些韭菜最绿、哪些韭菜最肥，然后集中精力去割最高、最绿、最肥的韭菜。

所以，对消费能力越强的消费者割韭菜，才更符合二八法则。

但是，如今是互联网时代，线下实体店流量枯竭，今天的顾客已经从线下转化到线上，粉丝才是第一生产力。

同样地，粉丝也分为 A、B、C、D 四类。A 类顾客叫钻石粉，B 类顾客叫铁丝粉，C 类顾客叫粉丝，D 类叫萝卜丝，如图 5-13 所示。

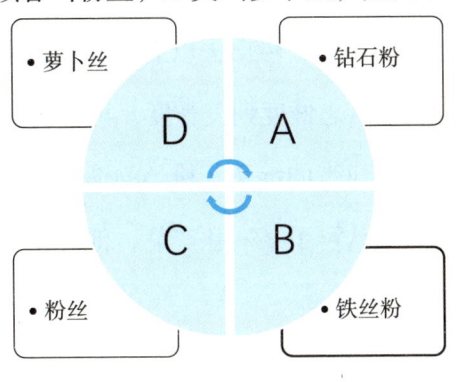

图 5-13　粉丝分类

钻石粉丝是什么？"我不在意你在我家消费了多少钱，我在意的是你帮我转介绍了多少人"。比如，你卖的衣服很好，钻石粉丝不光自己消费，还帮你推荐了一百个人来你家买衣服。

铁丝粉是什么？如果说帮你推荐一百个人的叫钻石粉丝，那么帮你推荐十个人的叫铁丝粉。

粉丝是什么呢？粉丝就是没推荐一百个人，也没推荐十个人，但是他愿意帮你分享、传播、转介绍，只要有机会，一起吃饭、聊天就跟朋友介绍。

什么是萝卜丝？就是他没给你推荐人，也没给你分享，你和他关系很脆弱，纯粹就是一手交钱一手交货，简单交易而已。

你今天经营企业，应该遵循二八法则，亲近钻石粉，这叫割韭菜的逻辑。因为现在流量枯竭，必须懂得底层结构。

什么叫底层结构？今天这个时代不要以钱为中心，要以人为中心。以前瞄准最具备消费能力的人，今天要瞄准那些愿意帮你分享、转介绍的人。以前做生意追求知名度，靠广告让别人知道你，慢慢有了知名度，再到美誉度，最后形成忠诚度；而今天的逻辑不同，先经营忠诚度，经营钻石粉，有一帮人愿意帮你说话，传出去以后变成美誉度，美誉度再传出去成为知名度。这个逻辑是从忠诚度到美誉度，再到知名度。

粉丝情绪是一种情感纽带的维系。粉丝的消费行为也是基于对品牌的感情基础。当粉丝喜欢或认可了某一款产品，他们往往过于感性，对产品的一切都很期待。

"果粉"就是一个典型的例子。"果粉"是指美国苹果公司电子产品的爱好者，这些人从iPhone开始接触苹果产品后，通过情感认同再延伸消费到苹果的电脑、iPad等产品，他们对苹果产品有一种执着的追求精神，凡是苹果产品都渴望拥有。

每一次苹果出新品，"果粉"们几乎是通宵排队，一片疯抢的景象，如此疯狂，只为抢到一款新产品，至于新产品好不好、功能提升了多少却并不重要。这就是粉丝效应，所以社群是基于粉丝才能运营起来的。

因此，品牌要么把粉丝变成消费者，要么把消费者变成粉丝。企业产品只有足够优秀、吸引人，才会得到消费者的青睐，苹果毫无疑问做到了这些。在社群经济时代，谁拥有更多的粉丝，谁就拥有更多的客户。

3. 企业：系统的价值链、特许经营权模式

企业价值链是以企业内部价值活动为核心所形成的价值链体系。企业的价值活动可以分为两类活动，即基本活动和辅助活动，基本活动是那些涉及产品实物形态的生产、营销和向买方的支付，辅助活动指的是那些对企业基本活动有辅助作用的投入和基础设施。

商业模式的核心就是为了创造并传递价值，我们对一家企业进行研究的时候通过对价值链的分析，了解一家企业的全面内部活动，从商业模式优化角度来看可以了解企业每一个环节的价值，并和竞争对手比较从而优化我们的商业模式，使企业能创造更多价值。

在谈商业模式的时候经常谈到战略，战略是为了获得竞争优势对价值创造所进行的规划，它的关键是竞争优势，也就是构建商业壁垒和定价权。

特许经营也是一种构建商业壁垒的商业模式。特许经营是连锁经营的一种。连锁经营是指经营同类商品或服务的营业点，在统一的整体规划和布局下集中管理分工合作，通过扩大规模获得更高的效益。连锁经营包括直营连锁、特许经营和自由连锁。

特许经营作为特殊经营模式的特征是特许人通过合同转让使用自己的商标、商号、经营模式等在内的特许经营权，取得特许经营权的被特许人按照合同在统一经营体系下从事经营活动，并向特许人支付特许经营费。双方的合作基础分别是特许人的知识产权和经营模式，以及被特许人投入的资本。特许人一般会通过合同掌握特许加盟店的最终管理权，而被特许人对自己的投资拥有所有权，双方通过合作各自取得收益。

只有一家企业受益进入壁垒时，才存在特许经营权，进入壁垒可以将竞争对手挡在门外，或者当确保潜在竞争对手选择进入时，相比现有公司会处于竞争劣势。现有企业拥有的竞争优势应该是可确认的和结构性的。

第六章　商业模式价值升维

> 商业的本质是双方对于价值的交换或共同创造。伴随着移动互联网的发展，企业和消费者之间的距离可以实现无缝连接，而产业价值链高端环节的"风口"就隐藏在与消费者的零距离接触中。商业价值的实现必须以及时掌握消费者需求的变化并能够快速做出反应为核心。企业之间竞争的实质是对价值链位置的抢夺。

第一节　系统性价值链整合

商业模式的价值，在于它是你实现战略的路径，让你赚更多的钱。商业模式就是与你一切利益相关者的交易结构，你的上游是利益相关者，你的下游经销商也是利益相关者，你内部的员工也是利益相关者，包括你的客户，那么你的企业希望所有的人越来越好，所以，跟他们有好的交易结构很重要。

1. 行业价值链：上下游关联的企业与企业之间

商品的价值是从设计、制造、营销、交货、服务等一系列的活动所构成的，从上下游的关系来看这些活动形成一个相互连接的链条，这个链条可称为价值链。

价值链是企业为客户创造价值所进行的一系列经济活动的总称，企业也可以说就是这些活动的集合。价值链在经济活动中是无处不在的，价值链分为以下几个层面：上下游关联的企业与企业之间存在行业价值链；企业内部各业务单元的联系构成了公司价值链；企业内部各业务单元之间也存在着运营产业链，如图 6-1 所示。

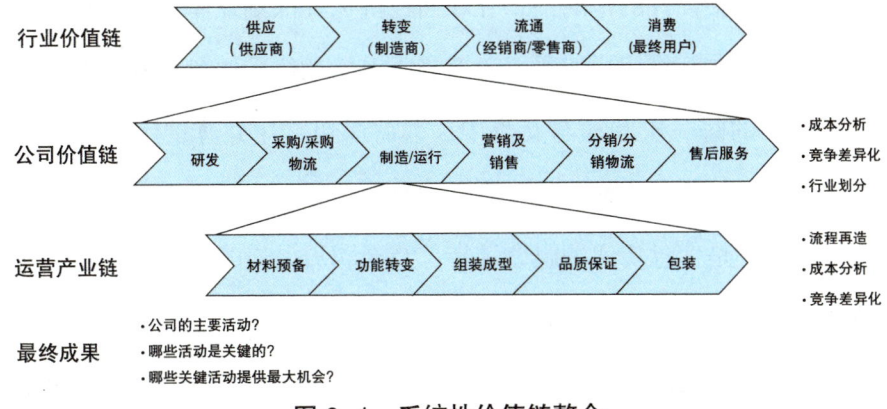

```
行业价值链：供应（供应商）→ 转变（制造商）→ 流通（经销商/零售商）→ 消费（最终用户）

公司价值链：研发 → 采购/采购物流 → 制造/运行 → 营销及销售 → 分销/分销物流 → 售后服务
  · 成本分析
  · 竞争差异化
  · 行业划分

运营产业链：材料预备 → 功能转变 → 组装成型 → 品质保证 → 包装
  · 流程再造
  · 成本分析
  · 竞争差异化

最终成果：
  · 公司的主要活动？
  · 哪些活动是关键的？
  · 哪些关键活动提供最大机会？
```

图 6-1 系统性价值链整合

价值链上的每一项价值活动，都会对企业最终能够实现多大的价值造成影响。企业的任何一种价值活动，都是经营差异性的一个潜在来源。企业通过进行与其他企业不同的价值活动或是构造与其他企业不同的价值链来取得差异优势。真正重要的是，企业的经营差异战略必须被客户认同。

另外经营差异必须同时控制实现差异经营的成本，以便将差异性转化为显著的盈利能力。在企业的价值活动中增进独特性，同时要求能够控制各种独特性驱动因素，控制价值链上有战略意义的关键环节。

把你的产业链利益相关者都梳理明白了，你们有没有可能合作？这就是说，当你的企业想要做得特别大的时候，你必须有特别大的经销商，美的、格力全都通过股权与经销商绑定。

作为厂商，必须从整个价值链的各个环节，建立起"以客户为中心"的企业文化。这不是简单地听取客户需求、解决客户的问题，更重要的是

167

让客户参与商业链条的每一个环节，从需求收集、产品构思到产品设计、研发、测试、生产、营销和服务等都离不开客户的参与。

在探讨体验设计的范畴内，互联网经济无疑深刻地体现了体验经济的特点，其核心在于将用户感受置于至高无上的地位。这意味着，在品牌与消费者之间的每一次互动与交流中，都需深切关注并尊重用户的情感体验。这涵盖了从售前咨询到售后服务的每一个环节，无论是产品包装的视觉与触感，还是信息传递的媒介选择，乃至购买渠道的便捷性，都是塑造消费者整体体验不可或缺的部分。

因此，从满足并超越用户期望的角度出发，品牌在整个与消费者沟通的链条上，都应当坚定不移地贯彻"用户体验至上"的原则。这意味着不仅要确保产品的功能性满足基本需求，更要通过细致入微的服务、精心设计的交互流程以及个性化的触达方式，来创造超越预期的愉悦体验，从而深化品牌与消费者之间的情感连接，实现长期的忠诚与信赖。

2. 企业价值链：企业内部各业务单元

公司价值链，就是你的企业从成本采购到产生利润的整个价值的流动，即你公司内部的价值，把你的公司价值链调整明白了，就可以产生利润。利润提高可以怎么样，成本降低在哪一个环节，可以形成你与同行的竞争壁垒，或者叫作差异化竞争。每一个环节的展开，就是你的运营价值链，每一个环节怎么去做，它的意义不在于商业模式，而在于标准化。

企业价值链如图 6-2 所示。

图 6-2　企业价值链

每一个企业都是在设计、生产、销售、发送和辅助其产品生产过程中进行各种活动的集合体，这些互不相同但又相互关联的生产经营活动，构成了一个创造价值的动态过程，即价值链。

价值链与产业微笑曲线，如图 6-3 所示。

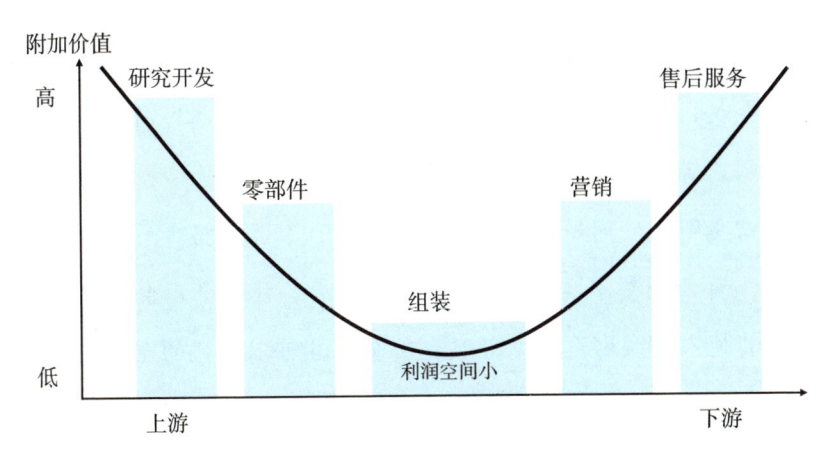

图 6-3　产业微笑曲线

价值链体现了利润与附加价值高低的基本规律，是企业财力、物力、人力投资分配指南（核心能力建设），而"微笑曲线"日益陡峭，"圆脸盘"变"瓜子脸"。

企业与企业的竞争，不只是某个环节的竞争，而是整个价值链的竞争。价值链无处不在，行业价值链——上下游关联的企业与企业之间，企业价值链——企业内部各业务单元。

根据企业规模情况，先找到价值链的节点，再逐步系统性提升价值链。正如杰克韦尔奇所说："如果你在供应链上不具备竞争优势，就干脆不要竞争了。"克里斯多夫（英国管理学家）也说："未来市场上只有供应链而没有企业，未来没有企业和企业之间的竞争，只有供应链和供应链之间的竞争。"

例如，尚品宅配是做定制家具的，同一个柜子，尺寸、颜色、面板，以及局部造型，都是可以自由组合的。尚品宅配把这些"零部件"放入一款叫圆方的软件中，设计师只要采集用户房子的相关数据，如尺寸、预算、风格等"基础数据"，再加上一定的视觉调整，设计师很轻松地通过圆方软件便能把相关的设计方案给做出来。

有人会说，这样设计出来的方案，岂不是千篇一律？所以，用户的思维和设计师或者局外人的思维是完全不同的。

用户需要解决的问题是，空间合理利用，家具风格更好地和装修风格组合起来，自由调整家具预算等"用户需求"，他们并不会太在意我的家是不是和其他人"撞衫"了。况且，一套家具可以变换的元素很多，面板造型和颜色、尺寸以及造型，都是可以自由变换的，所以通过几何数据的相乘以后，很难出来一模一样的家具。

这里要注意一个关键词，设计师只要输入"基础数据"，加上一定的视觉搭配，即可完成家具设计。圆方软件把"设计的门槛"变得很低，设计师只要掌握基本的家具知识，以及熟练操作这款软件，即可实现设计。相对于传统而言，需要经过大量的培训，知识沉淀，以及技能沉淀而言，尚品宅配的设计师上岗速度要远远快于整个行业的数倍不止。

于是尚品宅配解决了一个问题，把非标准的设计通过软件进行标准化，标准化的好处就是可以实现"大规模设计"，有了"大规模设计，成本自然能被降得很低。

全部标准化，就是快速复制的前提，有了这样一个复制的模板，既可以帮助你快速复制，又可以帮助你把公司治理得更好。

在现代企业制度中，标准化管理靠什么？职业经理人。他们遵循的理念，就是"正儿八经"。所有的上市公司里，要实现上下属的关系，就需要责任明确、管理明确。即使你是创业元老，也要按照公司的治理，奖惩不能按照喜好，各种流程、各种奖励、各种晋升机制等，全都是明确的，都靠我们的运营价值链。你需要把它梳理出来，当你梳理完了，你会发现你的流程里可能有卡点，这又是你流程再造的基础。

系统性价值链整合常用方法，如图 6-4 所示。

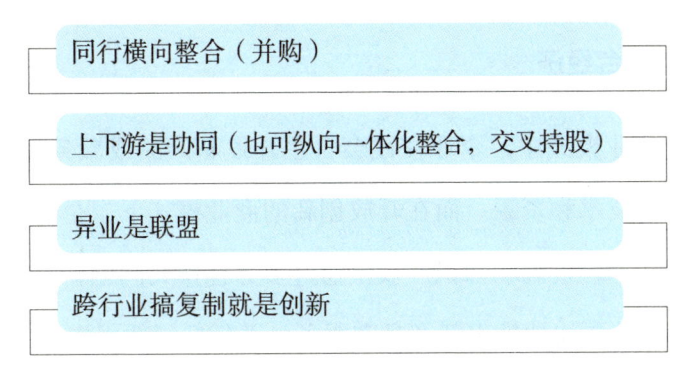

- 同行横向整合（并购）
- 上下游是协同（也可纵向一体化整合，交叉持股）
- 异业是联盟
- 跨行业搞复制就是创新

图 6-4　系统性价值链整合常用方法

再举一个例子：泸州老窖经销商期权城市合伙人计划。

为推广国窖1573，泸州老窖1994年在深交所上市后，把第一次激励给了经销商，为期三年。各经销商的期权比例根据其入股前一年度老窖主打产品的销售额进行分配，并预留一定股权给新进的经销商，根据关联程度，区别对待入股价。根据经销商的销售额，确定行权比例。期权授予时经销商一分钱不花，行权购买时才花钱。

泸州老窖的股票价格在两年内，由5.8元/股涨到了78元/股，而经销商仍可以按照5.8元/股的价格行权，赚取巨额差价。

在利益驱动下，经销商大力推广泸州老窖产品，泸州老窖销售额提高后，股价随之飞升，经销商能赚取的差价以雪球式滚涨。

第二节　新生态平台模式

随着互联网技术的不断发展和商业模式的不断更新，新型商业模式也随之涌现。从开放创新到平台生态，新型商业模式为企业带来了更多的商业机会和发展空间。

1. 生态平台经济

在传统商业模式中，企业往往会自主开发新产品或服务，闭门造车，不与外界分享技术和资源。而在开放创新的商业模式下，企业将与外部合作伙伴分享技术、资源和知识产权，通过多方合作共同创新。这种商业模式可以帮助企业更快地推出新产品和服务，并降低创新成本。

例如，苹果公司通过与外部开发者和供应商的合作，不断推出新的产品和服务，并维护了市场领先地位。

平台生态是指企业通过开放自身的技术和资源，形成一个生态系统，吸引更多的开发者和用户加入。也就是说，生态平台是在你的平台上能够对接供方和需方，像需要保险和法律业务的人和能够提供法律跟保险业务的人在一个平台上对接一样。在这种商业模式下，企业不再是一个孤立的实体，而是与用户和开发者形成一个共同体，通过协同合作实现共赢。

例如，微信和支付宝等移动支付平台就是一个很好的例子。这些平台通过开放自身的技术和资源，吸引更多的开发者和商家加入，形成了一个庞大的生态系统。用户可以在平台上完成各种操作，如转账、购物、预约等，方便快捷。

又如，海底捞企业生态链布局，如图6-5所示。

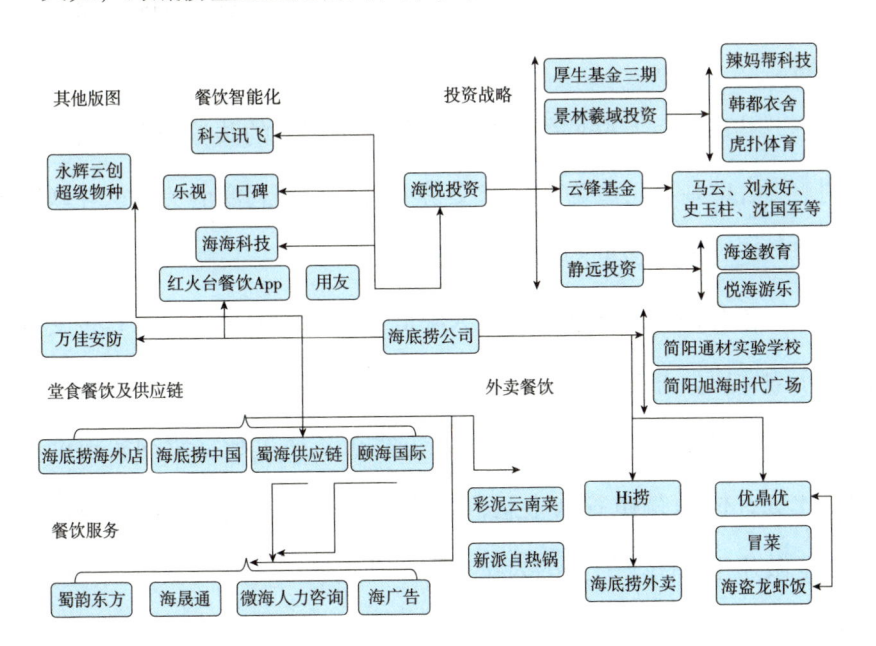

图6-5 海底捞企业生态链布局图

平台经济具有以下四个特点，如图6-6所示。

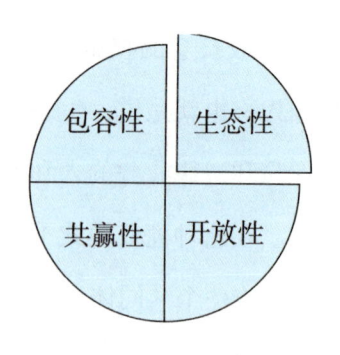

图 6-6　平台经济的特点

第一，生态性：互联网平台是不断形成和发展新的商业生态的沃土。平台上多方互动频繁，企业间竞争充分，创新无限。

第二，开放性：开放是新的商业文明创新的灵魂。互联网平台依靠新的信息基础架构和新的生产要素，走向了 IT 时代大型企业的封闭和集中控制之路。

第三，共赢性：互联网平台极大地促进了多方的共赢局面，改善了社会福利。"信息差"已成为在传统交易中获取超额利润的关键。互联网平台提供了广泛且成本极低的信息匹配机制。

第四，包容性：互联网平台大大降低了各方的通信成本，直接支持大规模协作的形成，并与整个社会共享能力，从而激发了微观经济的活力。

平台作为交易场所，可以对接供需双方需求，通过数据驱动实现价值的新增。比如，同样是做餐饮生意，有的人起早贪黑做得很累，赚钱很辛苦，甚至做几年倒闭了，有的人只是简单地创新了一下商业模式，可以做得很轻松，赚得更多。

有一天，你到某个城市的酒店订房，发现标准间 280 元 1 晚。而当你掏出手机，在"去哪儿"网上一查，同一家酒店只需要 220 元 / 晚。于是，你赶紧在网上下了单，并且暗暗庆幸自己省了60元。但你不知道的是，去哪儿网从你下的订单中扣走了30元服务费，酒店只收到了190元。从账面上看，这是一个三方都受益的事儿。

去哪儿网通过商业模式创新，让自己赚得盆满钵满。

我想问一个问题，去哪儿网给这家酒店投资过一分钱吗？没有。酒店所配套的资源都是酒店本身就有的，为你提供服务的也是酒店。去哪儿网做了一件什么事情呢？就是做了一件资源整合的事，它完成了顾客与酒店之间的连接，它做的是中介，创建了一个线上平台，接了一个单而已，可它照样赚钱。

新型商业模式相对于传统商业模式，有着以下优势。

第一，更快的创新速度：通过开放创新和平台生态，企业可以更快地推出新产品和服务，并且更加符合市场需求。

第二，更低的成本：开放创新和平台生态可以降低企业的研发和营销成本，同时提高效率和利润率。

第三，更好的用户体验：通过开放创新和平台生态，企业可以更好地理解用户需求，并提供更加优质的产品和服务，提高用户体验感。

平台经济是一种基于数字技术的新经济系统，它由数据驱动、平台支持和网络协作的经济活动单元组成。平台是一个虚拟或真实的交易场所，它不生产产品，但可以促进两方或多方的供需交易，收取适当的费用或赚取差价以获取收入。

在商业模式创新设计中，我们需要思考的是，能不能运用社会上已经投资的资源，如门店资源、工厂资源、人力资源，无须再投资，而且把这些资源盘活。让别人的资源拿来为你所用，你的品牌才赢得了穿越周期的强大生命力。

我们学习商业模式，让你的资源能够价值最大化。通过撬动别人的资源，为你所用，毕竟自己的资源是有限的。比如，你做手机，需要市场上10种资源，但是你手头只有两种怎么办？自己积累速度太慢，所以，你要找到另外8种资源，看看在谁的手里，然后用设计好的交易方案去撬动这些资源，从而达到四两拨千斤的效果。

2. 生态平台模式

很多企业做大做强存在"天花板"，如咨询公司、律师事务所、会计事务所、广告公司、农业养殖户或者种植户等，因为它们所在行业都属于人力资源密集型，受人的时间精力、专业技能、努力程度影响比较大，也不太容易监管。还有一些大企业普遍采用科层组织、层级多、流程长，导致决策慢、部门扯皮、考核低效等问题，被称为大企业病。

有没有一种商业模式，可以很好地解决这些问题呢？

有，这就是单边平台模式。

单边平台模式是一种企业内部的交互运作机制，其核心在于将企业的职能部门（如财务、人力资源、信息技术、品牌管理等）与具体的业务部门均视为独立的业务单元，促使它们之间建立起一种基于服务交换的市场化关系。

简言之，这种模式下，企业内部的各个部门不再是传统的上下级或支持与被支持的关系，而是转化为类似于市场中的"商家"与"客户"，各自通过向对方提供有价值的服务来获取相应的收益。这样的设计旨在激发部门间的协同效率与创新活力，同时明确各自的价值贡献与回报机制。

比如，公司设计部原来的薪酬体系是固定工资加年终绩效考核，由公司来支付，现在改为由设计部门直接服务的对象支付，也就是业务部门找设计部进行设计，需要付费，按单结算。单边平台模式的本质是重组企业内部分工，重新配置了企业内部资源能力，把科层管理模式转变为交易模式，即使是小公司，也可以采用这种模式。

单边平台的好处是：把规模经济边界小的业务变成一个又一个的、分权的自主体，把集合在一起、规模经济边界大（或者具备规模经济）的业务变成一个统一的、集权的平台；同时，平台企业和自主体也按照其范围经济边界自由组合，使单边平台的总和形成范围经济。从而，实现不同规模经济边界、不同范围经济边界的环节在一个体系内和谐共存。

也许你的企业现在仍是单边经营模式，即只有内部客户群。但思考一下，它是否具备成为"隔壁怪兽"的潜质，是否有潜力发展成多边平台，服务于相互关联的不同客户群？

可以说，多边平台是一种即插即用的商业模式，连接多个参与方（生产者和消费者），通过生成价值和交换价值让双方产生交互。多边市场平台模式，如图6-7所示。

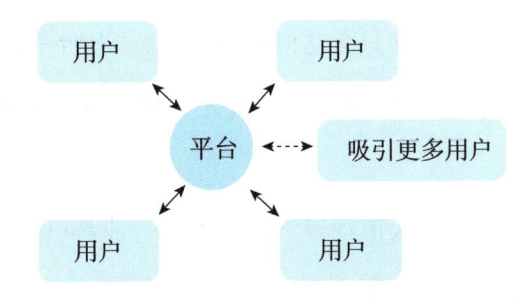

图 6-7 多边市场平台模式

生产者可以"插入"平台，在平台上进行创造。当消费者"插入"平台，平台给予它们相关的服务。开发者在安卓平台创建App；写作者在Mediun上发表文章；房主在Airbnb上创建可租的房间；卖家在Etsy、易宝、淘宝提供商品。消费者进入平台，获取他们需要的东西。

平台核心角色是让连接到平台的参与者能够发生交互。不同的平台有不同类型的交互，但是所有的平台都会有一种核心的交互。

例如，有一个关于厨师的App，某社区有十万用户，每个用户只需下载一个App，下载一个小程序，用户就可以把他最擅长的菜传到网上。小区5栋2单元有一个人做的小鸡炖蘑菇好吃，7栋某人想吃，于是在App上面点餐，5栋那人就把小鸡炖蘑菇做好给送过去。

以前点餐是点餐厅的品牌，未来点餐是点厨师的品牌。

有些厨师的拿手好菜，在抖音平台上一经宣传，附近的人纷纷去吃，爆满。以前我们看病看的是医院的招牌，未来我们看病看的是医生的个人品牌。所以，任何一个行业都会出现一个或几个平台，在平台上人人都是品牌，在平台上可以实现资源共享。

3."平台+创客模式"

在中国创业，未来或许只有这两条路可走："平台+创客模式。"未来10年，无论你做任何行业的创业，都要先看懂市场的宏观发展与国内大趋势。

首先，从改革开放进入市场经济后，各个行业都已经从碎片化的市场进入规模化、品牌化、生态化。

比如，过去我们投资个十几万元、几十万元可以开个门店、开个餐馆，办个工厂，都能够赚得盆满钵满。因为，当时市场是碎片化的，品牌聚合度不强，各个行业都处于发展阶段，更不会出现巨头。

如今，餐饮、零售、生产制造业都已经严重地饱和，并出现了巨头垄断的现象。例如，母婴连锁店、餐饮连锁店的相关品牌，不但在一、二线城市成为霸主地位，而且也正在实现市场下沉，进入三、四线，甚至县城。这就意味着，想自己开个小店、开个小公司、办个工厂去做生意，机会越来越少了，要么加入大的连锁、集团公司，要么被时代淘汰。

其次，随着中国互联网的发展，各种外卖平台、电商平台、社区团购平台层出不穷。平台靠先天的互联网优势，掌握了流量分配权与用户数据，就形成了一个超级渠道与超级品牌；并且逐渐地扩大边界，形成生态化发展。也就是说，即便加入连锁企业、与集团公司达成合作，还需要顺势而为，借助平台的流量与数据，提升业绩。

如果用弱者以及悲观的视角看上述的内容，你可能会觉得未来创业的机会越来越少。但如果我们紧跟时代的步伐，用强者的格局去面对时代变局，未来则有无限可能。

对于大企业或者想要成为大企业的创业者、企业家来说，未来一定要把企业变成平台。因为未来不但有电商平台、外卖平台，每个细分领域都需要平台去赋能、去做资源整，形成生态化发展。

比如，二手车市场的瓜子、房地产行业的贝壳、家装行业的土巴兔，都属于细分领域的平台。除此之外，未来烘焙行业、美甲行业、针对实体门店（服装店、美妆店、母婴店）赋能的平台也会层出不穷。

最后平台可以依托数字化技术赋能传统行业，帮助创业者、实现转型、提升业绩。平台化不单指互联网平台，也包含企业的平台化发展。从这个维度来说，未来每个传统企业都能够通过模式创新、科技创新，把企业打造成平台，成为更多创业者的舞台。

打造平台不是搭建一个 App，或者实现数字化转型，依托共享经济、利益共享、价值共享，而是从市场需求出发，重塑供需结构，满足用户的个性化需求。

因为，现在无论是服务业、零售业、制造业面对的都是个性化的需求，每个客户需要的价值都大不相同，所以企业必须把组织变成一个个小团体，把员工变成创客。

目的是依托数字化技术，与用户实时连接，让创客直接服务于消费者，为消费者创造价值，而非为企业打工。比如，消费者在使用产品的过程中，可以反馈到不同的创客组，创客人员可以根据市场个性化的需求，提供不同的解决方案，优化产品、服务以及商业模式。

目前，海尔集团已经实现了企业平台化及员工创客化的发展。

早在 2005 年 9 月，海尔首席执行官张瑞敏提出面向互联网时代转型，推出人单合一的双赢模式，如图 6-8 所示。

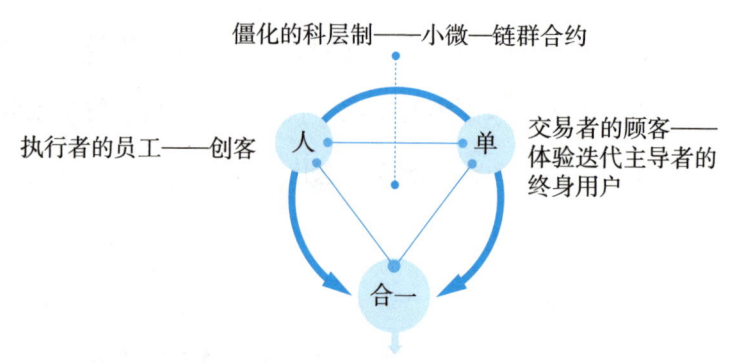

僵化的科层制——小微—链群合约

执行者的员工——创客

交易者的顾客——体验迭代主导者的终身用户

创客创造价值与分享价值合一

图 6-8　海尔"人单合一"创业模式

张瑞敏说，面对日趋个性化的用户需求，海尔集团开启了模式创新之路，在创业文化的驱动下将实现人人创客，并搭建开放的创业驱动平台，开放吸引全球创客资源进入生态圈体系。

海尔创客实验室是开放、共享的创客交互平台。秉承"相信一切创新力量"的价值观，促进新生代创客的连接互动，并聚合产业力量，让创新生态体系中的创客、企业、众创空间、创投机构、供应链及全网营销渠道等资源数据在平台开放式分享与对接，全方位支持创新创业，帮助新生代创客将创意变为现实。

要立足于互联网时代，企业必须转变为平台，以开放包容的姿态吸引全球一流的资源。张瑞敏表示，当前海尔聚焦的目标是两个平台的创建。

第一个平台，就是投资驱动平台。

如何真正完成从家电制造商向创客孵化平台商的转变，搭建投资驱动平台？海尔将企业从管控组织颠覆为生生不息的创业生态圈。海尔互联网模式创新国际研讨会会聚了平台主、小微主、创客、专家学者，以及模块化供应商、一流研发资源、投资者等各个利益攸关方。这些人员恰好构成了海尔的创业生态圈，以适应互联网时代带来的零距离、去中心化、分布式的挑战。

在投资驱动平台和创业生态圈的共同作用下，海尔集团在过去10年实现了营收从1 000亿元到2 000亿元的增长。2014年，海尔提出"企业平台化、员工创客化、用户个性化"。企业平台化是指企业从原来封闭的组织变成开放的生态圈，可以整合全球的资源来实现目标，从而演变为一个可以自循环的开放生态圈。员工创客化是指让员工从原来被动的执行者变成主动的创业者。用户个性化是指在移动互联网时代，用户已经成为一个中心，他可以成为发布者，将购物体验在全球直播，所以企业必须以用户为中心。用户个性化其实就是满足每个用户的个性化需求。美国宾夕法尼亚大学沃顿商学院教授马歇尔·梅耶认为，海尔搭建创业生态圈的管理创新体系是非常有创新力的，超越了传统的管理理论。

第二个平台，就是用户付薪平台。

创客薪酬用户说了算，这就要求创客们不仅要找到自己的用户，还要通过交互去创造持续引爆的路径。张瑞敏认为，从企业付薪到用户付薪，这种文化的变革是为了适应互联网带来的用户个性化需求的挑战。如果创客们不能在这条路上走好，要么进行改进，要么就被优化。

可以预见，随着海尔从产品制造商，到创客孵化平台商的持续转型，不只是可以为企业带来营收规模的增长，更重要的是可以踏上全球互联网时代发展的节拍，成为这个时代的企业。

海尔公司开展"人单合一"，将8万多人分为2 000个自主经营体，让员工成为真正的"创业者"，在海尔的大平台上自己寻找创业机会，同时配合内部的风投机制，或者员工自己到社会上组织力量，成立小微公司，就是要发挥每个人的创造力，让每个人成为自己的CEO。

内部平台化，对组织要求就是要变成自组织而不是他组织。他组织永远听命于别人，自组织是自己来创新。我们看懂了平台化的发展趋势，就会明白，未来不再是单打独斗的时代。尤其是对于普通人来说，没钱没资源，成功率最高的创业方式，就是依附于平台，成为创客。

第三节　国际化产业布局决胜

国际化战略是企业产品与服务在本土之外的发展战略。随着企业实力的不断壮大以及国内市场的逐渐饱和，有远见的企业家们开始把目光投向中国以外的全球海外市场。国际化可以简单到把货卖到国外，国际化产品布局为什么有很大的机会？因为在当今，带动全球 GDP 发展的，就是大量的国际贸易。

国际贸易也叫通商，是指跨越国境的货品与服务交易，一般包括了进出口贸易。各国之间通过国际贸易，形成了经济上的相互依赖。而随着电子商务的快速发展，我国优势产业也逐渐从传统的经营模式向现代化电商模式转变。

1. 传统国际化

传统国际贸易一般通过实体店进行操作，整个交易链非常长且烦琐，包括生产制造商、出口商、进口商、渠道商、批发商、零售商最终面对终端消费者。交易过程耗费时间长、任务重、压力大。同时，传统外贸往往是大宗采购订单，订单集中在少数的大批发商、渠道商手中，中小型企业在资源方面不占优势，同时批发商还承受着大规模生产的企业经营风险和外贸市场变化的风险。

因此，传统的国际贸易在一定程度上讲，是与当今追求效率与低消耗的社会理念相违背的。

2. 新的国际化

为了适应社会的发展，提高工作效率与降低人力、物力的消耗。不同产业之间会有不同的创新实践。电子商务就是为了改变传统而做出的创新型技术。以电子商业为基础的新的国际化贸易,通过跨境电商平台的推动,线上销售已然逐步趋向成熟与稳定,同时规模仍在不断壮大与发展。

传统的国际化:以贸易、传统产业为主的海外布局,投资、经营、产品三层国际化。

新的国际化:数字化平台海外布局,既是商机也是危机。

国际化企业分三种:全球——产品卖全球、跨国——要与本土融合、外资——纯海外发展。

例如,抖音集团下,Tik Tok 的"出海"战略。

抖音运营策略如图 6-9 所示。

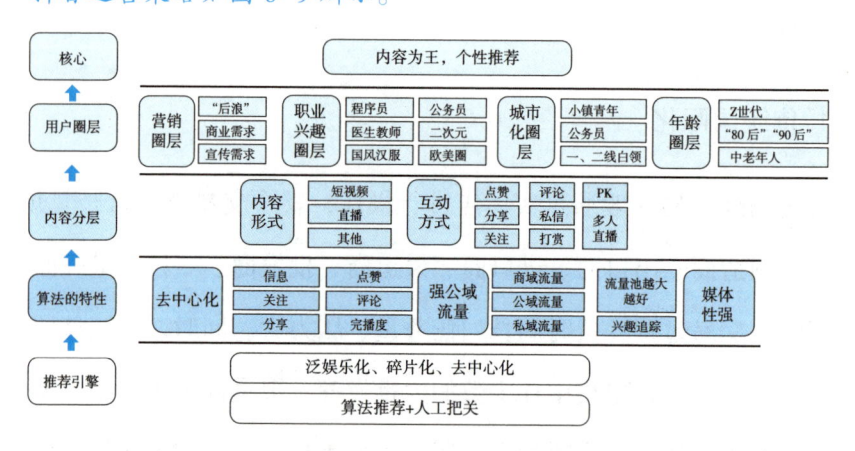

核心	内容为王,个性推荐				
用户圈层	营销圈层	职业兴趣圈层	城市化圈层	年龄圈层
	"后浪" 商业需求 宣传需求	程序员 医生教师 国风汉服	公务员 二次元 欧美圈	小镇青年 公务员 一、二线白领	Z世代 "80后""90后" 中老年人
内容分层	内容形式	短视频 直播 其他	互动方式	点赞 评论 PK 分享 私信 多人 关注 打赏 直播
算法的特性	去中心化	信息 点赞 关注 评论 分享 完播度	强公域流量	商域流量 公域流量 私域流量	流量池越大越好 兴趣追踪	媒体性强
推荐引擎	泛娱乐化、碎片化、去中心化
	算法推荐+人工把关

图 6-9 抖音运营策略

Tik Tok 的"出海"战略如下:

(1)以经济资本为优势,占据市场关键节点

抖音"出海"初期利用比较丰厚的经济资本,通过投资、控股、并购等方式进入海外媒介生态圈,为抖音的海外业务运营提供更多的资源储备。

（2）以技术资本为核心，向用户提供智能服务

技术"出海"的核心策略将Tik Tok致力于为全球提供统一的产品体验。Tik Tok能根据数百万标签以及相关性、环境、热度、协同等模型，实时了解用户的状态，让视频与用户环境相匹配，从而推荐用户最喜欢的视频。

（3）以文化资本为依托，满足全球用户娱乐需求

Tik Tok的海外业务扩张对作为文化资本的音乐的运用是非常注重的。全球乐库与本地歌舞文化相融合的方式，带来音乐链条式传播效应，使Tik Tok成为中外音乐的交流媒介，加速了世界各地文化在全球数字平台中的流动、消费和共享。

传统的国际贸易方式显然是无法与跨境电商模式相比的，新事物的产生是在旧事物的基础上商业模式的变革与创新。

跨境电商相比传统国际贸易具有以下优势，如图6-10所示。

①简化交易流程

②提高销售利润

③摆脱渠道依赖、降低经营风险

④面对人群广泛

图6-10　跨境电商的优势

第一，简化交易流程。传统的外贸模式下整个交易链长且烦琐，浪费了很多不必要的时间与资源，跨境电商的优势在于让中国供应商跳过传统

外贸冗长的流通环节，直面终端买家，省去了买卖双方漂洋过海面对面商榷的麻烦。

第二，提高销售利润。传统的跨境贸易大部分主要由一国的进/出口商通过另一国的出/进口商集中进/出口大批量货物，然后通过境内流通企业经过多级分销，最后到达有需求的买家手中。这个过程，进出口环节多、时间长、成本高，而跨境电商使中国供应商可以通过互联网直面终端买家销售产品，获得更高的产品溢价，提高销售利润。

第三，摆脱渠道依赖、降低经营风险。传统外贸往往是大宗采购订单，订单集中在少数的大批发商，渠道商手中，同时承受着大规模生产的企业经营风险和外贸市场变化的风险。诸多传统外贸大企业的没落就是佐证，而跨境电商，小批发，多频次的碎片化采购降低了企业大规模生产的压力和分散了市场变化所可能带来的风险。

第四，面对人群广泛。传统的国际贸易都是企业订购，大批量生产与交易，并不面向大众群体。而有了线上电商平台，人们只要有手机有网络，无论数量多少，皆可一键下单，操作简便，上手快。

在电子商务的冲击下，传统的国际贸易模式迎来新的挑战与机遇，只有不断地创新与改变，才能适应社会的发展。目前，服饰的国际贸易还是发展很快的，然而传统的国际贸易手段和模式仍是比较单一，影响了我国国际贸易的快速发展。因此，要想不被时代淘汰，就不能一成不变，创新永远是时代的主题。

第七章　商业模式出奇制胜

> 现阶段，商业模式的作用在企业经营中的地位不可小觑。但是，市场千变万化，企业商业模式不能一成不变。所谓商业模式创新，就是指以新的有效方式赚钱，根据市场需求和自身发展进行重塑，而这个过程，最重要的内容是创新。
>
> 与此同时，很多项目通过风投资金和资本运作的支持与升值，商业模式得以实现市值最大化的一种重要因素。资本运作相对于企业生产经营而言，表现为更高层次的经营，它对提升企业价值、优化产品结构、实现资源优化配置、提高企业管理水平等方面都起到了积极作用，企业的资本升值，成为企业快速发展的助推器。

第一节　资本青睐的商业模式

资本青睐的商业模式，就是简单明了地向投资商展示你向谁提供产品或服务，你的产品或服务主要内容是什么，你怎么收钱，以及你的产品或服务是如何制作与提供的等。

1.带着清晰的目的准备路演

当今是移动互联网时代，企业要做大、做强、做快、做久、做好的关键在于企业家精神与企业的商业传播、品牌建设，而商业路演能力是新时代下企业家要传递价值主张、品牌传播最重要的一股力量。

企业要进行商业传播、渠道建设、加盟路演、项目融资、人才招聘，无时无刻不能没有商业路演能力的支撑,商业路演能力的提升将会成为当代企业家素质培训领域中的必修课。

如何通过短短的路演展示来打动投资人,你需要给投资人展示你自己已经作出了充足的准备。准备好一个仔细思考撰写的商业计划,如果投资人表达出兴趣,他们可以在有时间的时候了解更多。路演的目的就是,你先做出一个充满热情和吸引力的演讲,然后把你的提纲或者详细的商业计划提交给被吸引的投资人。

下面是在准备你的路演时最重要的9点建议,如图7-1所示。

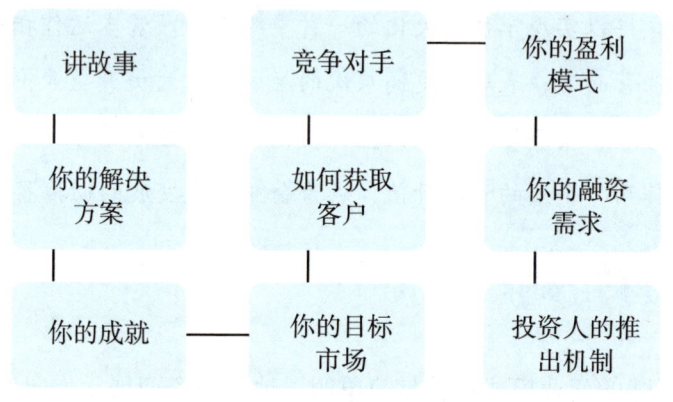

图7-1 商业路演的9点建议

(1)讲故事

用一个动人的故事开始你的演讲。这会从一开始就引起听众的兴趣。而且如果你可以把你的故事和听众们联系起来的话就更加完美了!你所讲的故事应该是有关你的产品所要解决的问题的。

(2)你的解决方案

分享你的产品独一无二的地方,和为什么它能解决你所提到的问题。这一部分最好简约而不简单,要做到投资人听过以后,可以轻松地向另一个人介绍你到底在做什么。尽量少使用行业里的生僻词汇。

（3）你的成就

投资人第一看重的是团队，第二才是项目创意。在演讲的前段，你应该让投资人对你和你的团队有刮目相看的感觉。说说你和团队到目前为止所取得的成就（销售额、订单量、大牛战友、产品的火爆等）。

（4）你的目标市场

不要说世界上所有上网的人都是你的客户，就算有一天这成为现实。要对你自己所创造的产品更加现实，把你的目标市场氛围 TAM、SAM 和 SOM。这不仅能让你的听众印象深刻，也能帮助你自己对市场战略更加了解。

（5）如何获取客户

这是路演和商业计划中经常被遗忘的部分。你要怎么招募到你的客户？得到一个用户要花多少钱？怎么样的推广才算是成功？

（6）竞争对手

这也是路演中非常重要的一环。许多创业者在这部分都没有充分的准备和翔实的数据，来说明他们和竞争对手的不同。一个最好的展示你相对于竞争对手所具有的优势的格式就是表格：把不同的方面放在顶行，把你和竞争对手放在最左列，然后一个方面、一个方面地比较，一个一个地来说明你的优势。

（7）你的盈利模式

投资人总是对这个部分最感兴趣。你怎么盈利呢？详细地介绍你的产品和定价，然后用事实来证明这个市场正在焦急等待着你的产品的进入。

（8）你的融资需求

清晰地说明你的融资需求，出让多少股权，未来的计划如何。

（9）投资人的退出机制

如果你的融资额在一千万元以上，那么大部分投资人都想知道你的退出机制是怎么样的。你是希望被收购，还是上市，或者别的退出方式？这就是商业路演中，投资者想要听到的东西，也就是作为路演的创业企业，想要达到的路演效果。

路演十分钟，台下十年功，商业路演千万别犯以下忌讳，如图7-2所示。

禁忌一：盲目性大，对目标市场没有丝毫了解

禁忌二：空谈市场，不谈自己的项目如何切入

禁忌三：胃口太大，贪多嚼不烂

禁忌四：文艺青年范儿，只有情怀，没有项目

禁忌五：选错方向，投身红海，死路一条

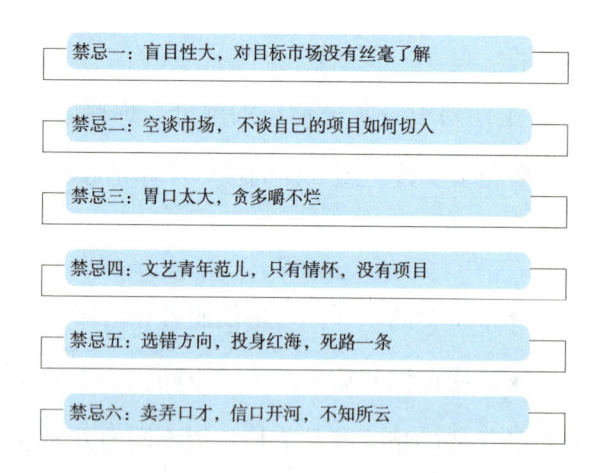

禁忌六：卖弄口才，信口开河，不知所云

图7-2 商业路演的忌讳

禁忌一：盲目性大，对目标市场没有丝毫了解

前期准备要非常充分，首先是对创业项目和目标市场非常了解。很多创业者在路演中没有表现出任何调研过市场的痕迹，要么调研样本太少，要么根本没有。同样，对目标用户的喜好也知之甚少，甚至没有目标用户定位……

这样的情况，投资人如何放心把钱投给你呢？

禁忌二：空谈市场，不谈自己的项目如何切入

有些项目，市场很大，甚至大到用万亿元来计量，如新兴能源。在路演中，只听见创业者不断说着庞大的市场，自己的项目似乎与之无关，或者说表现得无关。虽然创业项目与这个市场有着千丝万缕的联系，创业者却没有将自己的项目的优势和目标市场联系起来，整场路演下来，恍若一座空中花园。

投资者觉得无法通过你们的项目到达那座空中花园，虽然里面姹紫嫣红。投资意向如何能不"流产"？

禁忌三：胃口太大，贪多嚼不烂

当下，一些创业者常挂嘴边的时髦词就是平台、生态系统、立体式全方位。谁都知道平台赚钱，完全是一个收保护费的角色，怎么能不赚钱呢？但是作为初创公司，一开始就说平台、生态系统，是不是胃口大了点。

创业企业首要做的是把自己的产品卖出去，而不是想着一口吃个大胖子。腾讯公司如今做成平台依赖的是其一贯以来苦心经营的聊天工具。平台思维当然得有，不过那是后期战略扩张。对于初创公司来说先能让产品卖出去，才是重中之重，然后谈其他。

禁忌四：文艺青年范儿，只有情怀，没有项目

一说到情怀，就是一种企业愿景，也就是企业文化。企业文化必须有，企业愿景也能够指引方向，能够成为路演营销的噱头和卖点。但只见情怀，不见项目，投资人怎么会相信你，把钱投给你，靠什么赚钱？

锤子手机创始人罗永浩，如果没有手机产品，也许他的情怀，就只能算作一个文艺青年吧。

禁忌五：选错方向，投身红海，死路一条

投身红海市场的项目，将面临市场激烈的竞争，投资人一般是慎言慎行。例如，你现在去做聊天软件，肯定要吃闭门羹，市场已经被瓜分殆尽。而创业团队一开始就弄错了方向，路演只是表现出其自寻死路的方式而已，如果你的商业模式陈旧，估计连登台路演的机会都没有。

资本青睐的商业模式，如图7-3所示。

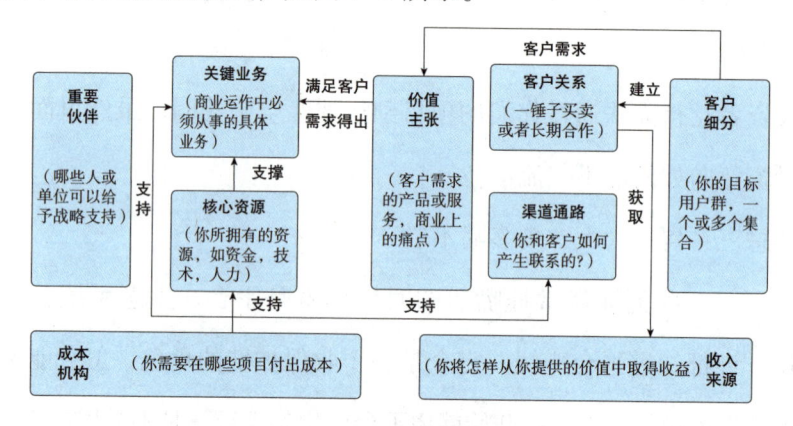

图7-3 资本青睐的商业模式

我们来看一个案例：

某企业商业模式设计，如图7-4所示。

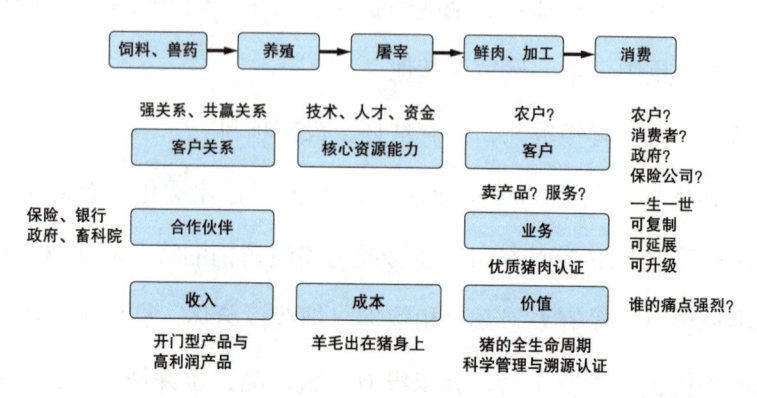

图7-4 商业模式设计

（1）端到端溯源

对饲料、兽药的物流跟踪，并按照要求向国家主管部门报备。

对饲料、兽药的饲喂自动化（机器人技术＋机器视觉），无须人为介入。

对饲料、兽药的有效成分测定。

对饲料、兽药需要量模型的构建，精准饲料原料数据库的构建。

（2）生长速率

智能分群：物联网技术（耳标）。

生长跟踪：物联网技术（耳标）＋机器视觉/人工智能/大数据。

环境智能监控：基于物联网的智能环境监控系统。

疾病监测：物联网技术（耳标）＋智能猪床＋机器视觉。

（3）肉品质

可控的脂肪和蛋白比例：机器人自动化＋超声波监测。

安全可溯源：物联网技术（耳标）。

（4）繁殖性能

发情监测：机器人自动化＋运动量监测（耳标）。

产房报警：物联网技术＋机器视觉/人工智能技术。

（5）肉料比

精准饲喂：机器人自动化。

（6）疾控

利用全景智慧畜牧解决方案，提前发现疫情并主动上报，将疫情控制在萌芽阶段。

机器人技术及其视觉完成无人精细饲喂，避免疫情通过人传播。

（7）环保

智能猪床对体重和排泄物实时监控，采集环保相关数据并为处理排泄物制订相关方案。

（8）保险金融

通过耳标对猪只实时监控，对猪只全程回溯，避免骗保发生。

（9）行业监管

利用耳标＋视觉点数进行实时在线存栏数统计和上报。

（10）屠宰

利用物联网技术对猪只屠宰进行实时统计，完成养殖屠宰全流程物联网跟踪。

（11）流通环境

根据饲料、排泄物等养殖屠宰环节收集到的数据，进行商业模型重定义。

推动诚信养殖、贩卖；

杜绝病死猪肉、注水猪肉上市流通；

对于高品质产品（猪肉），通过各类长期监测数据重新定义其销售价格。

禁忌六：卖弄口才，信口开河，不知所云

路演PPT上的图文并茂，创业者噼里啪啦地口若悬河，没有轻重缓急地说了一通。虽然在专业领域，也许这个很有价值，但是如果创业者不具备将其聚焦，并表达出来的能力。只能说明创业者对项目不够熟悉，无法知晓自己的核心卖点，更遑论突出推广了。

以上是路演的禁忌，切莫触碰。

2. 模式力量的核心特点

商业路演是一种沟通形式。现代社会，由于互联网对人们生活的影响及变化，因为信息对称、市场饱和引发的"卖家谨慎"，所以要做到优雅、和谐地达到"共识"。比如，融资者的路演，就是如何清晰表达观点、介绍优势、达成共识。

常言说得好，公司CEO开门三件事："找人、找钱、找方向"，找钱的过程就是"路演"的过程。商业路演，不仅需要当事人的情绪准备、气氛调动，还需要商业逻辑、策略、规则方面的设计、环环相扣的陈述方式、展示方式、现场发挥等方面都有讲究，不能懈怠。

杨浩涌创办赶集网时，通过路演，得到了包括google在内的许多投资方的投资。杨浩涌的融资心得是：第一是市场，要找到一个足够大的市场。第二是要有可预见的前景；第三是对投资人要讲诚信，不能说假话。

杨浩涌创业时只有80万元的创业资金，9个员工，每个月包括工资在内全部支出只有3万元。他当时清楚地制定了发展战略：收缩战场，把有限的资金全部用于北京的市场，用3~6个月的时间，把北京的份额做到第一名。等实现这个目标以后，再找投资人扩大规模。由于在北京的市场开拓非常顺利，所以他在向其他城市的市场拓展时，很快就融到了资金，而且股权稀释极少。

在通过商业路演进行融资时，我们要靠什么吸引投资方的眼球呢？当然要靠成功的商业模式，以及产品的市场前景。只有看得到市场前景，才能引起投资方的兴趣。

成功的商业模式一定是有力量的，是融资成功的前提，它具备以下三个特征，如图 7-5 所示。

- ①成功的商业模式要能够提供独特价值
- ②商业模式是难以模仿的
- ③成功的商业模式是脚踏实地的

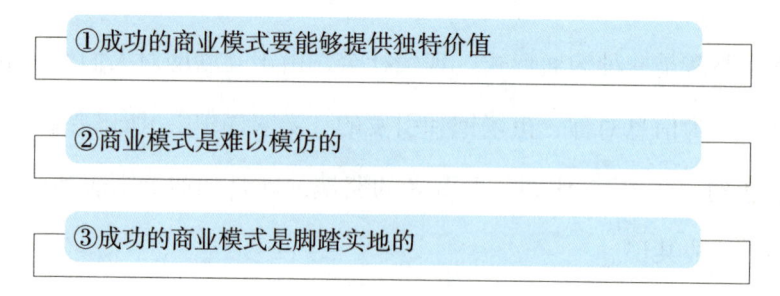

图 7-5　商业模式的三大特征

第一，成功的商业模式要能够提供独特价值。更多的时候，它往往是产品和服务独特性的组合。这种组合要么可以向客户提供额外的价值。要么使客户能用更低的价格获得同样的利益，或者用同样的价格获得更多的利益。

第二，商业模式是难以模仿的。企业通过确立自己的与众不同，如对客户的悉心照顾、强大的实施能力等，来提高行业的进入门槛，从而保证利润来源不受侵犯。

第三，成功的商业模式是脚踏实地的。企业要做到量入为出、收支平衡。现实当中的很多企业，无论是传统企业还是新型企业，对于自己的钱从何处赚来，为什么客户看中自己企业的产品和服务，乃至有多少客户实际上不能为企业带来利润，反而在侵蚀企业的收入等关键问题，都不甚了解。

在资本的市场上，开弓没有回头箭，一旦开始了你就只能走下去，直到成功或者失败的那一刻。一旦你在融资这条路上迈开了脚步，就只能走下去，没有退路，甚至可能看不到希望，但你必须坚持下去。你能够做的，也只能在没有倒下之前坚持。不断地跋涉，反复地路演，机械地演讲，不断坚持最终获得丰厚的回报。这就是成功商业路演的根基。

一般来说，路演的目的就是促进投资者与股票发行人之间的沟通和交流，以保证股票的顺利发行。在海外股票市场，股票发行人和承销商要根据路演的情况来决定发行量、发行价和发行时机。比如，众所周知搜狐在纳斯达克发行股票时，就是根据当时情况，将发行价进行调整后才得以顺利发行的；还有中国联通在香港招股时，则是早期定价比较保守，后来又根据路演情况调高了招股价。

当然，并不是所有的路演都是成功的，失败的案例也不少。比如，中海油的海外融资，在路演过程中投资者对公司反应冷淡，公司虽然宣布缩减规模并降低招股价，市场仍然没有起色，加上有关部门的意见分歧，招股计划只好放弃，转而等待下一个机会。

所以，从路演的效果往往能够看到股票发行的成败。也正因如此，路演刚刚在中国出现的时候，不仅得到了上市公司、券商、投资者的关注和青睐，也引起其他企业的广泛关注和浓厚兴趣，甚至有很多企业效仿证券业的路演方式来宣传推广其公司的产品，形成时下盛行的企业"路演"。现在，企业路演的概念和内涵已改变和延伸，成为包括产品发布会、产品展示、产品试用、优惠热卖、现场咨询、填表抽奖、礼品派送、有奖问答、文艺表演、游戏比赛等多项内容的现场活动。

许多企业在路演阶段都"变形"。有这样一个案例：一个传统产业里的生产企业，路演时就"变"成了高新技术企业。当有人用包装来形容这一过程时，圈内人士认为，"这只是对企业锐意进取的精神进行造势，会使人认为这是一个奋发向上的极具现代精神的企业"。

那么在国际舞台上，企业该如何定位？首先你的介绍要使人感到在中国经济迅速发展的大背景下，企业能够迅速焕发其增长性。当投资者看到前3年发展情况介绍时，能够感受到企业的迅速增长。

其次，在勾画前景时，企业要说明融资之后，将付诸哪些行动。这更像一个广告，好像世界在为企业的前行铺平道路。

在整个路演过程中，要记住一个核心问题，要吸引的是不熟悉企业的人，真正了解和准备购买股票的人，不会出现在路演现场，因为他们已经在第一时间做好投资的准备。

再次，融资过程中，产品和市场本身是吸引投资人的主要因素，执行计划的人是融资的关键因素。同时客观地讲，在整个从商业计划的完成，到接触投资人，演示计划，参观项目和企业，直至签定融资意向，最后融资到位。整个过程中，是有一定的方法和技巧。掌握这些知识，不会确保您能顺利融资，但在同等条件下，会大大增加融资的可能性。

最后，路演是一门学问，里面包含了很多的技巧。比如，很多人会认为自己对所从事的投资项目和内容非常清楚，因此无须多做介绍。事实并非如此，因为只有你清楚还不够，你还需要让投资方也清楚才行。同时，也许你为自己以前取得的成就而自豪，但是投资人依然会对你的投资管理能力表示怀疑，并会问道：你凭什么可以将投资项目做到设想的目标？大多数人可能对此反应过敏，但是在面对投资人时，这样的怀疑却是会经常碰到的，这已构成了投资人对创业企业进行检验的一部分。

在某些情况下，投资人可能会要求企业家放弃一部分原有的业务，以使其投资目标得以实现。放弃部分业务对那些业务分散的企业来说，既很现实又确有必要，在投入资本有限的情况下，企业只有集中资源才能在竞争中立于不败之地。

从一开始，企业家就应该明白，自己的目标和创业投资人的目标不可能完全相同一样。因此，在正式谈判之前，企业家要做的一项最重要的决策就是：为了满足投资人的要求，企业家自身能作出多大的妥协。一般来讲，由于投资结构不愁找不到项目来投资，寄望于投资人来作出种种妥协是不大现实的，所以创业者作出一定的妥协也是确有必要的。

第二节 商业模式的出奇制胜

上市前引入投资机构，有利于填补企业发展过程中遇到的资金缺口。当业务发展到一定程度，大部分企业会积极寻求融资的机会。通过融资，一方面可借助资本的力量快速拓展业务；另一方面可吸引优秀人才，聚集行业资源。上市前的 A 轮、B 轮、Pre-IPO 融资，企业可以迅速发展壮大、优化战略、扩大规模、增长利润，为日后的 IPO 进行充分的准备。

1."现金为王"时代的商业模式

对企业来说，现金就是血液，是企业正常运转的基础。一旦现金流出现了问题，企业的根基就会被晃动。要知道，企业的日常经营活动，无不开始于现金而终止于现金。现金以及从现金到存货、应收账款，然后再回到现金的及时转换，是企业生存与发展的"血脉"。

小公司没有了现金流，会马上活不下去。大集团没有了现金流，也会马上陷入经营困境。而且，如果应对策略不得当，即使是资产雄厚的大集团，同样会走向末路。

特别是针对中小企业，为防范融资风险，必须树立"现金为王"的理念。因为现金流入的"管道"只有现金性收入、现金性融资等寥寥几种方式，但现金流出的方式，却是数不胜数。这就像大部分城市居民，其收入来源无非工资、奖金等几种方式，但花钱的地方却是无处不在，即使是冲厕所，那也是用钱买水来冲。

例如，村里老李有两个儿子，老大和老二过年回家的时候，老爷子问老大："你去年赚了多少钱？"老大说："去年赚了1000万元。"老爷子说："家里要盖房子，你贡献200万元出来吧。"老大说："没有。"老爷子生气地说："你不是说挣了1000万元吗？家里要盖房子，你连200万元都不拿，你什么意思？"

然后老爷子又问老二："你去年怎么样啊？"老二说："去年我没赚钱。"老爷子说："那就算了，你不用拿钱了。"结果老二说："我虽然去年没赚钱，但是我账上有3000万元现金，家里要盖房子，我拿300万元好了。"

为什么老大一年赚1000万元，但是拿不出钱，老二没有盈利，但是账上有钱？这是因为两人有不同的商业逻辑，所有的企业倒闭都不是因为没有利润，而是因为没有足够的现金流。资金链断裂，才是一个企业真正倒闭的主要原因。

当今处在微利的时代，你可能投资很大，但是盈利却一般，这个时候，你就会发现你的企业一直会处于缺钱的状态。因为你的企业产生的利润根本没有办法覆盖你的固定资产投资。

在今天做生意，一定要改变以往的商业逻辑。以往的逻辑分为以下几步，如图 7-6 所示。

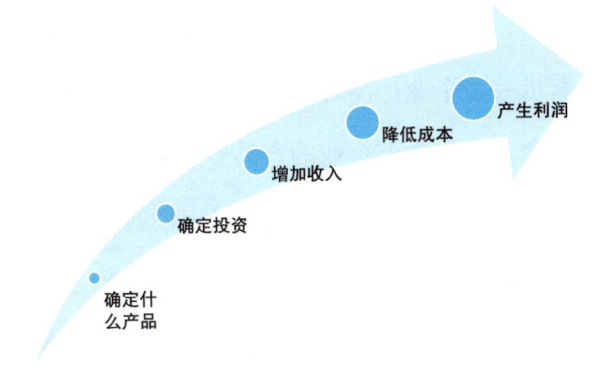

图 7-6　以往的商业逻辑

这种商业逻辑在过去是可以的，因为过去式产品相对稀缺、投资很小、成本控制也很容易、利润很大，可以迅速覆盖你的投资。但是这种商业逻辑今天行不通了，今天商业模式的核心逻辑改变了，只有利润不够，关键要有现金流。今天是现金为王的时代。

2. 商业模式的核心，对产品理解至关重要

一个商业模式的核心是产品，本质是通过产品为用户创造价值。无论最后做到多么大的一个商业模式，它的起点一定来自你发现了用户有一个痛点，一种没有被发现或者发现后还没有被满足的需求。

因此，脱离了用户来谈商业模式，不是要 VC 风险投资就是要自己，最终也是要自己。任何模式都源自对用户的理解，对用户需求和痛点的理解。

任何公司的存在，任何产品的推出，一定是为了解决用户某一需求的问题，这个问题在没有解决之前给用户、市场带来一些痛，这个痛可能是很贵、可能是很不方便。

产品是一个企业的基石，企业要想做得长久，还是要靠产品自身说话。一个产品好不好，消费者说了才算。只有消费者认可的产品才能算是好产品。这也是衡量一个企业产品好坏的唯一标准。互联网时代的消费者有着更多的选择机会，这就要求企业的产品要想获得更高竞争力，必须考虑如何满足消费者需求，不断地升级产品，寻求创新。

所以，所有的商业模式都要建立在产品模式的基础之上，没有了对产品和用户的思考，公司是不可能做大的，这样的公司注定走不了多远。

创业者在回答商业模式的时候，需要从产品模式上去思考问题。

①你提供的产品是什么？

②你能为用户创造什么样的价值？

③你的产品解决了哪一类用户的什么问题？

④你的产品能不能把贵的变成便宜的，甚至是免费的？

⑤能不能把复杂的变成简单的？

例如，现在VC（风险投资人）和PE（私募基金）这样的投资人，普遍关注拟投资企业产品市场空间大小、团队、商业模式、竞争壁垒和护城河。投资人问得最多的就是你的商业模式是什么？而企业家总是希望投资人除了钱，还能带来其他重要的经营性资源和能力。比如市场渠道、客户资源。

总的来说，产品就像每个企业的DNA一样，DNA一旦对了，即使存在团队弱点，最终也能成长起来。即使你今天融不到钱，总会有人给你投资，这些都是时间问题。但如果你的企业DNA不对，那就危险了，因为产品决定了企业发展的合理性。

3.每一环节都按照规划来做

也许很多互联网企业存在通过烧钱来快速发展的这种商业模式,但它们只是极少的幸运儿。对于绝大多数的普通创业者而言,不应该选择靠烧钱发展的商业模式,而是每一环节都按照规划来做。

先累积用户,靠烧钱来提升发展速度,这是一个非常高风险的发展模式。一旦没有新的买单者进入,你的现金流就会枯竭,公司就会陷入灭顶之灾。创业是一场马拉松长跑,没有8～10年的时间,不可能造就一家有影响力的企业。无论是老一代的联想、华为、海尔,还是现在的BAT(百度、阿里巴巴、腾讯),它们从创立到最终取得巨大成功,都花了10年以上的时间。

很多创业者把创业想得太简单了,他们幻想着今年设立、明年融资、后年就可以去敲钟。如果企业自身没有这种发展速度,那么靠烧钱去加速发展,其实是非常错误的。虽然资本与产业的结合可以大大加快企业成长的速度,但是企业成长自身的规律和逻辑是不可能改变的。

很多创业企业的商业模式设计没有问题,但它只是一个小生意,而被大量的资本选中,希望通过烧钱把它烧成一个平台,烧成一个巨大的生意,这是现在很多领域存在的一个问题。

例如,前几年在团购最火爆的时候,很多基金如果没有投资过一家团购公司,都没有办法跟LP(Limited Partner,有限合伙人)交代。团购有需求,但是这是一种小众、低频的需求。

比如,一些新开的餐馆,因为没有名气,没有大客流量,所以通过低价团购来吸引很多顾客。团购只是一个"小生意",就像在流通行业,有百货商场、超市、便利店，还有跳蚤市场等。而跳蚤市场只是在周末或者月末的时候，人们把自己的二手物品拿出来进行买卖和交流。如果我们想把跳蚤市场去催化出几亿元、几十亿元的交易流量，那么这个商业模式就不成立了。

同样，团购的需求虽然存在，但它是一个小众的、低频的需求。它解决的是某些类别的企业在市场推广时一种推广方法。但是如果你想把它做成一个现代人普遍性的购物平台，那么这是错误的。当年确实很多的团购公司在大量资本催生之下，希望通过烧钱来发展成一家伟大的公司，最后绝大多数的公司都失败了，留下来的公司也都是已经转型了。

商业模式本身有它自己的特点，并不是靠烧更多的钱，就可以改变商业模式本身的本质。烧钱发展，一定是某些特定的商业模式，可以通过这种方式来发展。这种特定的商业模式，首先必须是大众的需求，每个人都需要，潜在用户是海量的；其次必须是高频的，黏性非常强的需求。

对于烧钱的商业模式，只有极少的创业者才可能走这条路。对于我们绝大多数创业者来讲，应该按照客观规律来办事，选择那种稳扎稳打，一步一个脚印每一个环节都按照规划来做的商业模式。我历来认为凡事都有逻辑，商业尤其如此，不合逻辑必有问题，超越常识就是骗局。

如果创业者天天想着去追求超常规的发展速度，或者跨越式发展，抑或是弯道超车，我认为会出现以下两个不利的后果。

第一，会把自己带到"沟"里去，把自己带偏了。因为去追求这些东西反而使自己翻车，所谓"欲速则不达"。

第二，把自己的心态养成一种投机取巧的心态。别人都是一步一个脚印，凭什么你能够跨越？别人都一直在很努力，凭什么你能弯道超车？总是希望自己不劳而获，希望自己能够投机取巧，而这时往往是"聪明反被聪明误""偷鸡不成蚀把米"。

创业不要搞"大跃进"。当你想"大跃进"地发展，往往带来的是大倒退。而真正能走得最快的路，就应该是一步一个脚印。我们经常户外长途徒步的人都知道，户外长途徒步的时候不在于你走得多快，而在于你不停下来，不怕慢就怕停。只要你不停下来，一步一步地往前走，最终一定可以达到目的地。

做企业更是如此。我们要踏踏实实走我们自己的路，真正把注意力放在市场需求上，做出一个有人愿意花钱来买的产品，找到一种方法把产品销售出去。在这个过程中，我们可能会先亏损一些，先流一点血，但那是发展过程中的一个正常现象。这样的商业模式反倒会走得更稳，成功率更高。

互联网思维商业模式中，出奇制胜的关键在于三点："互联网＋商业"模式与企业扩张；系统价值；平台价值。那么，企业的核心是什么？如图7-7所示。

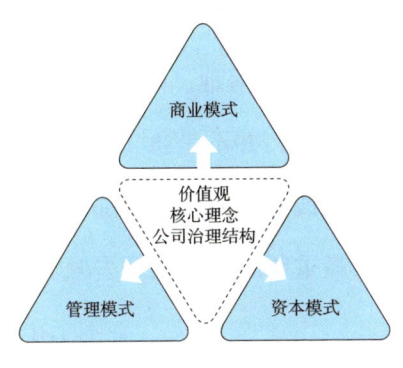

图 7-7 企业的核心

可持续性发展企业的结构能力，如图 7-8 所示。

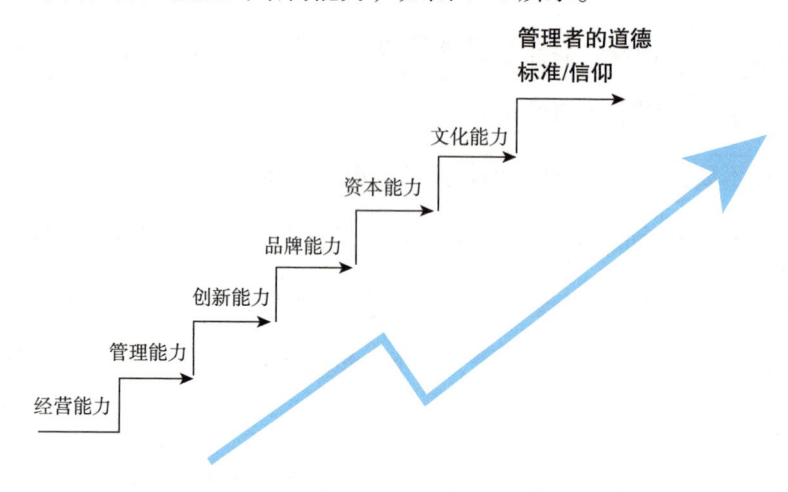

图 7-8　可持续性发展企业的结构能力

4. 不成熟的商业模式如何落地

如果把不成熟的商业模式拿来落地，会发生什么？有一家公司的创始人说，他们租办公楼、招员工、打广告，各种支出开销，商业模式落地了一年，结果 1 000 万元花完了，公司快撑不下去了。

这家公司的问题出在哪里？

我告诉他："商业模式落地也得有落地的顺序，比如阿里巴巴设计完商业模式之后，主要的工作是去落地，还是去融资了？"你会发现，互联网公司把商业模式设计好以后，并不是急急忙忙地去落地，因为他们都懂的一个道理：靠自己的那点钱去落地，铁定都倒闭了。

商业模式落地之前，最重要的事情就是去融资。

比如，融了 100 万元，花掉 50 万元，再去融 1000 万元；花掉 500 万元后，再去融 5000 万元；花掉 2 500 万元后，再去融资 2 亿元；花掉 1 亿元后，再去融 10 亿元……

这才是商业模式落地的逻辑，只要后面的钱融不进来，前面的钱就不能乱花，否则会倒闭的。

商业模式有两个功能：第一个功能是卖的功能，第二个功能是做的功能。如图 7-9 所示。

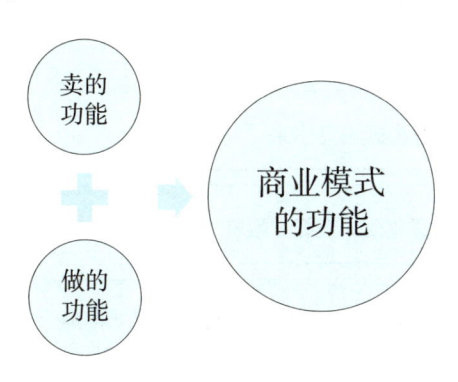

图 7-9　商业模式的功能

卖的功能是融资、招商；做的功能是落地，把融进来的资金、资源、渠道、好的项目等，分门别类地去排序，什么产品拿来跑量，什么产品拿来赚取利润。而创业者的核心工作，不是你自己去把商业模式落地，而是找到能够帮你把这些想法落地的人。

打个比方，如果你家马桶堵了，你找一个人来通马桶，那个人拿出工具，五分钟搞定，通马桶这件事情就落地了。如果你找的这个人，跟你讲了一堆马桶堵住的原因，就是不给你通，你听完会不会很气愤？

所以商业模式落地，首先把商业模式设计出来，其次把这商业模式卖好（融资），最后再找到相对应的人来帮助你把商业模式落地，如图 7-10 所示。

商业模式九经

对于创业者来说，你需要有两点最基本的认知。第一点，将商业模式讲好、卖好，不是具体去实施商业模式落地；第二点，只要是讲商业模式，代表的不是把过去做得成功的方法总结出来，而是告诉别人接下去你要怎么干。也就是说，你在讲商业模式的时候，不是在讲过去，而是在讲未来。未来就是还没有到来，既然还没来，它就不一定会来，但是你要坚定不移地相信它会来。

1. 把商业模式设计出来
2. 把这商业模式卖好（融资）
3. 找到相对应的人来帮助你把商业模式落地

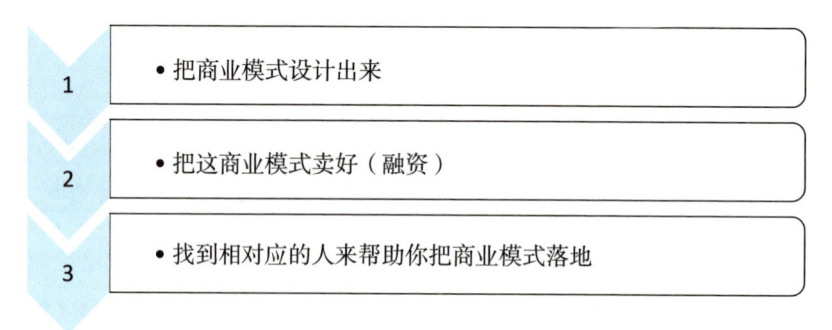

图 7-10　商业模式如何落地

例如，雷军最早预见了移动互联网的到来，并提出"手机将会代替电脑"。小米的成功，正是雷军采取了先软后硬的商业模式。

雷军重视互联网的力量，重视用户，并让用户参与手机的创新，凝聚了粉丝的智慧，是在这个注重体验的时代，给粉丝最好的参与感。雷军借鉴亚马逊的商业模式，把小米打造成一家电商公司，卖手机、卖挂件、卖衣服，从而形成了很好的小米内生态圈，让用户留在小米、关注小米、并成为铁粉。可以说，"粉丝经济"正是小米商业逻辑的起点。

更为重要的一点，雷军善于把握时代机遇。雷军说过，站在互联网风口的猪，也能飞上天。而小米的成功，正是雷军寻找的移动互联网一个最强劲的风口。

当大家都不知道互联网的未来的时候，雷军坚定地相信未来一定是万物互联的时代，所以他会提前布局，结果就看到了今天这样的结果。

所有的商业模式，都不是活在过去，而是活在未来，既然是未来，你就不确定是不是一定会来。比如，天气预报说某台风会登陆沿海，预测它会来，结果台风偏了。许多公司最后倒掉，就是因为预测的未来没来。

虽然未来还没来，但你需要追求逻辑可行，所有的商业模式设计就是把它设计到逻辑可行。你去找一家设计公司帮你设计完一张图纸，效果图、平面图、立面图、施工图都出来了，就会自动盖房子吗？当然不会，把所有的图纸先画好，只是代表着未来的蓝图。

把商业模式卖得好，落地自然很简单，因为连具体落地的这些人都是在你卖的范围中。比如，雷军把商业模式卖给了创始人团队。

小米团队是小米成功的核心原因。雷军为了挖到聪明人不惜一切代价，但他更关注对方踏实工作的态度。真正到小米的人，都是踏踏实实来做事的。来到小米的人，要有热情、聪明、技术一流、战斗力强，这样的员工，才能做出一流的产品。

小米的组织架构非常简单，就是"创始人→团队 Leader →员工"。创始人一开始有 7 个，后来加入的是多看科技的 CFO 王川，一共 8 个人。

创业团队中，雷军是董事长兼 CEO，林斌是副董事长，黎万强负责小米的营销，周光平负责小米的硬件，刘德负责小米手机的工业设计和供应链，洪锋负责 MIUI，黄江吉负责米聊，王川负责小米电视和小米盒子。

公司中也只有他们 8 个人有职位，剩下的都是工程师。小米公司大本营的办公布局很清晰地把小米的业务区分开来，一层产品、一层营销、一层硬件、一层电商，每一层都有一名创始人坐镇，大家各司其职，互不干涉。

商业模式九经

负责 MIUI 的洪锋很欣赏小米的这种格局,他认为:"这个公司业务的雄心和容量大,所以说它足够容得下这么多有能力的人,大家都希望我们的创业伙伴能够在各自分管的领域给力,一起把这个事情做好。"

小米从 7 个人到 14 个人,从 14 个人到 400 个人,管理的标准却从来没有改变过。扁平化的管理模式,加上团队人员上下一心,每一个人都是全力以赴为了做好产品而努力,所以才成就了小米的飞速发展。

所以对于创业者来说,你的主要工作就是卖产品,因为把商业模式落地的人也涵盖在卖商业模式这件事情上。

商业模式在设计的过程中,谈的都是未来。比如,阿里巴巴未来会有一百万户的商家入驻,这些会员可以在阿里巴巴上卖货,而这一百万的卖家在上面卖货的过程中,阿里巴巴可以收进场费、收广告费、收会员费等,也就是要圈大量的企业用户成为诚信通会员。

如果你的商业模式设计做 C 端,那就是拥有庞大的用户数量;如果你做 B 端,那就拥有庞大的渠道数量。而拥有庞大的用户,或者拥有庞大的渠道,任何商业模式都成立,这就叫逻辑可行。